Marc Aurel

Der Weg zu sich selbst

EINLEITUNG

Daß das römische Kaisertum nach einem Jahrhundert der Bürgerkriege den Frieden brachte, gilt mehr als für spätere Zeiten für die beiden ersten Jahrhunderte. Von der Schlacht bei Aktium (31 v. Chr.) bis zum Jahre 68 n. Chr. herrschte *innerer* Friede, und nach der kurzen Unterbrechung der Ruhe in diesem Vierkaiserjahr folgten weitere 120 ungetrübte Jahre. Die Segnungen der langen Friedenszeit, namentlich der als 'Goldenes Zeitalter' gefeierten sechs Jahrzehnte der Kaiser Hadrian (117–138), Antoninus Pius (138–161) und Marc Aurel (161–180), hat der griechische Redner Ailios Aristeides (etwa 130–190) in einem Hymnus auf Rom mit allem Überschwang rhetorischer Kunst gepriesen: 'Die Besiegten beneiden und hassen die Siegerin Rom nicht. Sie vergaßen bereits, daß sie selbständig gewesen waren, da sie sich im Genusse aller Güter des Friedens befinden und an allen Ehren teilhaben. Die Städte des Reiches strahlen in Anmut und Schönheit, und die ganze Erde ist wie ein Garten geschmückt. Nur Menschen, die außerhalb der römischen Herrschaft leben, sind beklagenswert. Die Erde ist durch die Römer zur Heimat aller geworden. Der Hellene wie der Barbar kann überall frei umhergehen wie von Vaterland zu Vaterland. Uns schrecken nicht mehr die kilikischen Pässe oder die Sandwüsten Arabiens oder die Barbarenhorden; es genügt zur Sicherheit, Römer zu sein. Die Römer haben den Spruch Homers wahr gemacht, daß die Erde allen gemeinsam ist. Sie haben die ganze Welt ausgemessen, die Flüsse überbrückt, die Wüsten bewohnbar gemacht und durch Sitte und Gesetz die Welt geordnet.'

Der innere Friede schloß freilich *außenpolitische* Bedrohung nicht aus. Das Imperium Romanum war keineswegs so ungefährdet, obwohl Augustus in der Erkenntnis, daß das Reich im wesentlichen seine natürlichen Grenzen gefunden hatte, vor seinem Tode die Anweisung gab, die Reichsgrenzen nicht weiter hinauszuschieben, sondern das Erworbene zu wahren. Gewiß gab die Lage im Westen und Süden des Reiches zu keiner ernsthaften Beunruhigung Anlaß; dagegen waren und blieben der Norden und Osten ausgesprochene Gefahrenzonen. Zur Sicherung des Reiches gegen Norden hatte Augustus versucht, durch einen gleichzeitigen Angriff von Westen und Süden die Elbe zu erreichen und hier die neue Grenze gegen Germanien zu errichten. Wie ihm, so mißlang auch dem Germanicus dieser Versuch, und Tiberius ist auf den Rhein als Grenze zurückgegangen; nur an der Mündung des Stromes reichte das römische Hoheitsgebiet weiter und schloß die Bataver und Friesen an der Nordseeküste mit ein. Dagegen gelang es dem Kaiser Domitian, den bedeutenden Vorstoß in Obergermanien einzuleiten, der das heutige Baden, Stücke von Hessen, Württemberg und Bayern in das Imperium einbezog. Das Bollwerk des germanischen Limes hat bis zu den Stürmen des dritten Jahrhunderts gehalten.

So waren die Verhältnisse am Rhein und der *oberen* Donau in den beiden ersten Jahrhunderten verhältnismäßig friedlich und stabil. Um so unruhiger ging es an

der *unteren* und *mittleren* Donau zu. Schon zur Zeit des Caesar und Augustus bereiteten hier die in Niederungarn, Rumänien und Siebenbürgen ansässigen Daker durch Einfälle in römisches Gebiet ernstliche Schwierigkeiten. Domitian mußte im Jahre 86 mit dem Dakerkönig Decebalus einen unrühmlichen Frieden schließen; erst Trajan gelang es (101–107), Dakien zum Klientelstaat und schließlich zur römischen Provinz zu machen. Sechzig Jahre nach diesem Erfolg brach am Mittellauf der Donau jedoch ein noch gefährlicherer Völkerkrieg aus: germanische Stämme, die in Böhmen, Mähren und Oberungarn saßen (hauptsächlich Markomannen und Quaden), brachen mit den sarmatischen Jazygen Niederungarns 166 über die Donau in römisches Gebiet ein und stiegen über die Alpen bis in die Ebenen Italiens hinab. Es war allein der unerschütterlichen Energie des Kaisers Marc Aurel zu verdanken, wenn die Feinde nicht nur aus römischem Gebiet vertrieben, sondern in ihrem eigenen Lande unterworfen wurden. Marc Aurel war im Begriff, die Grenzen des Reiches bis zu den Sudeten und dem Fichtelgebirge vorzuschieben: Augustus' große Kombination war in greifbare Nähe gerückt.
Im fernen Osten waren unter Trajan (98–117) Armenien, Mesopotamien und Assyrien als Provinzen in das Imperium einverleibt worden. In weiser Selbstbeschränkung gab Hadrian die gewonnenen Positionen jedoch auf und begnügte sich damit, Armenien als Klientelstaat zu halten. Im Jahre seines Regierungsantritts mußte sich Marc Aurel zu einem Kriege mit den Parthern entschließen, damit man Armenien als Klientel halten konnte. Der offiziell von Marc Aurels Mitregenten L. Verus geführte Krieg hatte das Ergebnis, daß nicht nur der bisherige Besitzstand gewahrt, sondern

ein Teil von Mesopotamien dem Reiche wieder einverleibt wurde.
So war gerade die Regierungszeit des Kaisers Marc Aurel durchaus keine Zeit ungetrübten Friedens; das 'Goldene Zeitalter', von dem Aristeides sprach, war bereits mit dem Tode des Antoninus Pius zu Ende gegangen.
Werfen wir nun einen kurzen Blick auf die innere Entwicklung des Reiches in den ersten beiden Jahrhunderten! Volk und Senat von Rom, die ursprünglichen Inhaber der Souveränität, haben zu Beginn der Kaiserzeit noch große Bedeutung. Aber bereits Tiberius (14–37) nimmt dem Volk das Recht, die republikanischen Beamten zu wählen, und überträgt es dem Senat. Das ist aber nur scheinbar ein Machtzuwachs für diesen; in Wahrheit wird der Senat immer mehr in den Hintergrund geschoben; Septimius Severus (193–211) hat dann die letzten Reste der Mitherrschaft des Senates beseitigt. Die Macht im Staate geht nun auf den Kaiser und das von ihm geschaffene Beamtentum über. Ursprünglich nur ein Magistrat, eine Amtsperson des römischen Volkes, entwickelt sich der Kaiser nach und nach zum *dominus ac deus*, zum 'Herrn und Gott'. Domitian erhob als erster Anspruch auf diesen Titel, und wenn auch die Nachfolger seinem Beispiele nicht gefolgt sind, so ist damit die Entwicklung nicht geändert, nur verzögert worden: im 3. Jahrhundert hat sie sich endgültig durchgesetzt.
Die Stützen des Kaisertums sind das Militär und die kaiserliche Beamtenschaft. Die Beamten werden dem zweiten Stand, dem der Ritter, entnommen und entwickeln sich immer mehr zu den Trägern der Organisation des Weltreiches. Allmählich gehen dabei auch die letzten Reste der munizipalen Selbstverwaltung ver-

loren; schon unter Nerva (96–98) und Trajan (98–117) begegnen wir staatlichen Regierungskommissaren, die der Selbstverwaltung der Städte ein Ende machen.

Wie war es nun um die wirtschaftliche Kraft des Reiches bestellt, dessen Verwaltung immer mehr in die Hand des absoluten Monarchen überging? Ein sicherer Gradmesser für die wirtschaftliche Entwicklung ist die fortschreitende Münzverschlechterung. Infolge der immer weiter wachsenden Ausgaben für Heer und Verwaltung und des Geldabflusses in die Getreide produzierenden Länder des Ostens sahen sich die Kaiser zu immer weiterer Verschlechterung der Münze genötigt. Bestand der Denar unter Augustus noch aus reinem Silber, so betrug der Anteil der Legierung unter Nero bereits 5 bis 10 Prozent, unter Trajan 15, unter Marc Aurel 25; der Staat trieb einer Währungskatastrophe zu, die unter Septimius Severus zu einer regelrechten Inflation führte.

Da der Lebensstandard der breiten Schichten infolge wirtschaftlicher Unsicherheit und Verarmung, infolge von Krieg, Hungersnot und Seuchen unaufhaltsam zurückging, hielt das Steueraufkommen mit den ständig wachsenden Ausgaben nicht mehr Schritt. So blieb z. B. Marc Aurel nichts anderes übrig, als sogleich zu Beginn seiner Regierung einen allgemeinen Steuererlaß anzuordnen, und es ist ebenso bezeichnend für die wirtschaftliche Lage des Reiches wie für die Opferfreudigkeit des Kaisers, daß Marc Aurel zur Bestreitung der Ausgaben für den Markomannenkrieg zwei Monate hindurch den kaiserlichen Hausrat versteigern ließ.

Daß die Bevölkerungszahl unter den angedeuteten Umständen sinken mußte, ist nur zu begreiflich. Auch in den unteren Volksklassen des flachen Landes und der kleineren Städte wächst die Ehescheu und die Beschränkung der Kinderzahl in den Ehen. Dazu trug nicht zuletzt die Auflösung des Bauernstandes bei, an dessen Stelle der Großgrundbesitz getreten war. Gewiß war bei dem allmählich immer stärker einsetzenden Mangel an Sklaven (es gab keine Eroberungskriege mehr im früheren Umfang) und der dadurch bedingten Zerlegung des Großgrundbesitzes in kleinere intensive Betriebe den Kleinpächtern (coloni) Gelegenheit zu bäuerlicher Arbeit gegeben; aber die Rentabilität ihrer Betriebe war so fragwürdig, daß schon gegen Ende des ersten Jahrhunderts in Italien gute coloni nicht mehr in genügender Zahl zu haben waren und daß am Ende des zweiten Jahrhunderts unter verlockenden Bedingungen zur Okkupation unbebauten Landes ermuntert werden mußte. Um der Entvölkerung zu steuern, siedelte Marc Aurel nach dem Markomannenkriege gefangene Sarmaten und Angehörige anderer Donauvölker auf römischem Boden an.

Das letzte Mittel, um der Landflucht und der endgültigen Auflösung des Bauernstandes zu begegnen, war schließlich die Bindung an die Scholle. Erbliche Bindung an den Beruf war zuletzt auch das Schicksal der Gewerbetreibenden, die – ursprünglich selbständig – immer fester an die staatlich gelenkten Handwerkervereine gebunden wurden. So zerfällt das römische Reich letzten Endes in erbliche Kasten. Freizügigkeit gibt es nur noch für die herrschenden Klassen: den Kaiser samt seinem leitenden Beamtentum und den Großgrundbesitz.

Das geistige Leben der beiden ersten Jahrhunderte glaubte man früher mit der Bemerkung, daß die römische Literatur in das sogenannte 'silberne Zeitalter' eintrete, genügend gekennzeichnet zu haben. Wenn aber die Bezeichnung des Zeitalters der römischen Kaiser

von Hadrian bis Marc Aurel als eines goldenen überhaupt eine Berechtigung hat, dann gilt dies mehr als für andere Lebensbereiche für die Literatur der Zeit. »Ob man die Satiren des Spötters Lukianos betrachtet, die Biographien großer Griechen und Römer Plutarchs oder den Roman den Apuleius von Madaura, die Reisebeschreibungen des Pausanias oder das System der Heilkunde, das ein Galen schuf, es ist eine strömende Fülle« (Görlitz). Der Kaiser Marc Aurel selbst förderte das Studium der Philosophie durch Gründung einer Universität in Athen mit glänzend bezahlten Lehrstühlen für ihre vier großen Richtungen: für die Stoiker, Peripatetiker (d. h. Aristoteliker), Kyniker und Epikureer.

Über die Umwelt Marc Aurels mag das Gesagte genügen; wenden wir uns nun seiner persönlichen Entwicklung zu.

Am 26. April des Jahres 121 n. Chr. wurde dem römischen Prätor Marcus Annius Verus ein Sohn geboren, der den Namen seines Vaters erhielt. Die Familie war erst seit der Mitte des ersten nachchristlichen Jahrhunderts wieder in Rom ansässig; bis dahin hatte sie – seit wann, wissen wir nicht – im Kolonialdienst des Staates in Spanien gelebt. M. Annius Verus war mit den edelsten Geschlechtern der römischen Aristokratie verschwägert; die Beziehungen reichten väterlicher- und mütterlicherseits bis zum kaiserlichen Hofe.

Der Kaiser Hadrian, mit dessen Adoptivmutter der Onkel des jungen Marcus Annius Verus verwandt war, wurde auf den Knaben frühzeitig aufmerksam und zeichnete ihn vor anderen durch verschiedene Ehrenämter aus. Als der junge Marcus neun Jahre alt war, verlor er seinen Vater; das mag die Zuneigung des kinderlosen Kaisers zu ihm noch verstärkt haben. Der

Knabe war aber auch selbst dazu angetan, auf sich aufmerksam zu machen. Seine Mutter lebte in sehr guten wirtschaftlichen Verhältnissen, und es ging ihm und seiner Schwester Cornificia gewiß nichts ab; um so merkwürdiger wirkte an ihm die unkindliche Schwere, der vergrübelte Ernst.

Auf Veranlassung des Großvaters mütterlicherseits siedelte er mit der Mutter in dessen Palast über und erhielt dort von einem Stab von Lehrern mit vier Altersgenossen Privatunterricht. In diese Zeit fällt seine erste Berührung mit der Philosophie: er ist gerade zwölf Jahre alt, als er zum Entsetzen seiner Mutter ein kynischer Bettelphilosoph werden und nur noch auf einer Holzpritsche schlafen will. Er hat darauf verzichtet und sich wie alle jungen Menschen seines Standes einem Lehrer der Beredsamkeit angeschlossen; aber die Liebe zur Philosophie hat er innerlich nicht aufgegeben.

Als Marcus fünfzehn Jahre alt war, verlobte ihn der Kaiser mit der Tochter seines Adoptivsohnes und Thronfolgers Aelius Caesar; nach menschlichem Ermessen war ihm nunmehr die kaiserliche Gnade auch über die Lebenszeit Hadrians hinaus gesichert. Aber es kam anders. Kaum zwei Jahre später stirbt Aelius Caesar; der Kaiser ernennt den Onkel des jungen Marcus Annius Verus zu seinem Nachfolger und erlegt ihm die Bedingung auf, diesen und den achtjährigen Sohn des Aelius Caesar zu adoptieren: von nun an führt der junge Marcus Annius Verus den Familiennamen seines Onkels und heißt fortan Marcus Aurelius Antoninus. Noch im gleichen Jahre 138 stirbt Hadrian; Antoninus Pius tritt die Regierung an. Er behandelt seinen Neffen und nunmehrigen Adoptivsohn Marc Aurel ganz im Sinne seines Vorgängers als den künftigen Thronfolger und zieht ihn frühzeitig zur Mitarbeit heran, wenn er dem auch erst sieben Jahre später offiziellen Ausdruck gibt; im gleichen Jahre, 145 n. Chr., verheiratet er ihn unter Aufhebung der früheren Verlobung mit seiner eigenen Tochter Faustina.

Um die gleiche Zeit erwacht in dem jungen Thronfolger, dessen Stiefbruder Verus der Kaiser wenig schätzt, erneut die Liebe zur Philosophie. Der Stoiker Rusticus ist es diesmal, der mit seinem Unterricht und dem Hinweis auf seinen Lehrer Epiktet die innere Entwicklung fördern sollte, die Marc Aurel den Ehrennamen des Philosophen auf dem Kaiserthron eingetragen hat. Den Thron selbst bestieg Marc Aurel nach dem Tode seines Oheims im Jahre 161, nachdem er mehrere Tage gezögert hatte, das Amt zu übernehmen. Er hat die schwere Pflicht, Kaiser des Imperium Romanum zu sein, nahezu zwei Jahrzehnte in vorbildlicher Treue erfüllt. Neun lange Jahre teilte er das Amt in allzu großer Gewissenhaftigkeit mit seinem leichtlebigen Adoptivbruder Verus; erst nach dessen Tod im Jahre 170 führt er das Reich auch staatsrechtlich allein.

Es war eine sehr verantwortungsvolle Aufgabe, das Imperium zu verwalten. Begann ja doch, wie wir sahen, schon im Jahre der Amtsübernahme der langwierige Krieg gegen die Parther, der erst 165 durch ein Friedensdiktat abgeschlossen werden konnte. Im darauffolgenden Jahre trugen die Markomannen und Quaden ihren kombinierten Angriff bis in die italische Tiefebene vor. Der Kaiser reiste zur Front, um diesen ersten Germaneneinfall seit den Tagen des Marius abzuwehren. Es gelang zwar, aber der Kaiser mußte trotzdem die Nordgrenze des Reiches von Württemberg bis hin zur Dobrudscha in ständigem Kleinkrieg sichern, bis er sich zu einem regelrechten Kolonialkrieg gegen die Markomannen entschloß, der ihn sechs weitere Jahre (169–175) im Felde festhalten sollte. Das glückliche Ende dieses Krieges führte Marc Aurel auf die Höhe seines Erfolges: er konnte daran denken, in nächster Zeit die nördliche Reichsgrenze durch die Errichtung zweier neuer Provinzen: Marcomannia und Sarmatia, zu sichern. Es sollte ihm aber nicht beschieden sein, den Plan zu verwirklichen. Der zeitlebens anfällige Körper des Kaisers wird durch eine ernste Magenerkrankung so geschwächt, daß seine Frau hinter seinem Rücken mit dem im Osten des Reiches stationierten General Avidius Cassius Verhandlungen wegen der Übernahme der Regentschaft aufnimmt. Marc Aurel übersteht die körperliche Krisis. Zur Bekämpfung des Gegenkaisers muß er jedoch jetzt seine Truppen nach dem Osten werfen und damit alle Errungenschaften im Norden aufgeben. Die Ermordung des Avidius Cassius überhebt ihn dann zwar der Kriegführung; aber die Ordnung der Verhältnisse erfordert doch seine Anwesenheit im Osten. Er ist kaum wieder nach Rom zurückgekehrt, da wirft ihn ein erneuter Ausbruch seines Leidens nieder. Als er genesen ist, beginnen die Unruhen an der Donau wieder aufzuflackern. Die Lage ist eben geordnet, da brechen wieder Aufstände aus. Der Kaiser entschließt sich, noch einmal zu Felde zu ziehen. Das Jahr 179 bringt ihm einen entscheidenden Sieg über die Markomannen; abermals ist die Errichtung der geplanten beiden Provinzen in greifbare Nähe gerückt: da erkrankt Marc Aurel an der Pest. In der Nacht zum 18. März des Jahres 180 geht das Leben des Kaisers zu Ende. Commodus, der seit dem Jahre 176 zum Mitregenten ernannte Sohn Marc Aurels, gibt das Gewonnene endgültig preis: die Fortführung des Offensivkrieges unterbleibt, der Gedanke an die Errichtung der beiden Provinzen wird aufgegeben.

Es liegt eine vielfache Tragik über dem Leben des Philosophenkaisers. Daß der Sohn schwerlich die gewonnenen Positionen halten würde, hat er von Jahr zu Jahr deutlicher gespürt, und das war für ihn um so schmerzlicher, als er mit zärtlicher Liebe an ihm hing; immerhin blieb es ihm erspart, die Vergeudung des Erbes mitzuerleben. Doch sein Leben war auch ohnedies an Tragik reich genug gewesen. Die Verhältnisse zwingen einen nachdenklichen, bedachtsamen Menschen zweimal zum Verzicht auf die ihm vorschwebende Lebensform. Man braucht die Hinneigung des zwölfjährigen Knaben zur kynischen Philosophie nicht zu überschätzen; es ist immerhin bemerkenswert, wie radikal die Absage war, die er sich der Mutter zuliebe abzwang. Aber daß die Regierungsgeschäfte den Jünger der Stoa zuerst als Mitregenten, dann als den verantwortlichen Leiter des Reiches völlig für sich in Anspruch nahmen, das hat er ein Leben lang schmerzlich empfunden. Er hat als Jüngling die Aussicht, dereinst zur Regierung des Reiches herangezogen zu werden, als 'edlen, aber schreckenden Gedanken' abgewehrt, er ist als Mann ernst mit sich zu Rate gegangen, als die Stunde gekommen war: gewiß nicht nur, weil ihm damit der Verzicht auf die ihm gemäße Lebensform auferlegt wurde, sondern auch, weil er sich darüber im klaren war, daß seine Konstitution wohl dem Lieblingsberufe entsprechen mochte, schwerlich aber für den ihm vom Schicksal aufgetragenen ausreichte. Wenn er sich trotzdem dem Rufe, der an ihn erging, nicht entzog, dann geschah das aus Pflichtbewußtsein. Es ist tragisch genug, daß einem solchen Manne die unbestreitbaren Erfolge, die er sich fast gegen seine Natur abgerungen hatte, immer wieder im entscheidenden Augenblick aus den Händen genommen wurden. Auch sonst scheint es das besondere Schicksal Marc Aurels zu sein, Opfer bringen zu müssen, deren Wirkung nicht über die eigene menschliche Bewährung hinausreichen sollte. Seine Frau hat ihm gewiß eine Reihe von Kindern geboren, und die Worte, die ihr Marc Aurel in seinen Selbstbetrachtungen widmet, sind solche dankbarer Anerkennung; aber welches Martyrium war die Ehe mit der sitten- und charakterlosen Faustina! Mußte es sein, daß er auch noch an dem Stiefbruder und Mitregenten Verus schwer zu tragen bekam? Man ist versucht, so zu fragen; Marc Aurel hat es nie getan. Es verstand sich für ihn in beiden Fällen von selbst, daß er nicht etwa nur schonte und verzieh, sondern daß er dankbar der Förderung gedachte, die er durch die zweifelhaften Eigenschaften der ihm Nächststehenden erfuhr. Wenn sich Marc Aurel eine menschliche Begriffe fast übersteigende Duldsamkeit gegen Faustina, Verus und Commodus abrang, dann war das alles andere als Schwäche: wir begegnen hier, nur auf einer anderen Ebene, der gleichen Kraft, die ihn seinen Beruf tragen und lieben ließ: dem Bewußtsein, daß er einen Auftrag hatte und in der Erfüllung seiner Pflicht als Kaiser, als Gatte, Bruder und Vater den ihm zugewiesenen Platz ohne jede Rücksicht auf die eigenen Gefühle zu halten habe.

Aus welcher Quelle schöpfte Marc Aurel solche Kraft? Er bekennt es selbst: 'Alles Körperliche ist wie ein Fluß, das Seelische Traum und Trug, das Leben ein Kampf und ein Verweilen in der Fremde, der Nachruhm aber Vergessenheit. Was kann uns da sicher geleiten? Einzig und allein die Philosophie!'

Marc Aurel ist der letzte bedeutende Vertreter einer philosophischen Bewegung, die das geistige Antlitz der antiken Welt fünf Jahrhunderte hindurch wesentlich gestaltete, deren zeugende Kraft erst mit der Tradition der abendländischen Kultur erlischt: der Stoa. In der bunten Halle (Stoa poikile) am Markte zu Athen begann im letzten Drittel des vierten vorchristlichen Jahrhunderts Zenon, der Begründer der nach ihr genannten stoischen Philosophie, seine Lehrtätigkeit. Es ist ein anderes Athen als das der Perserkriege, ja selbst als das, in dem Sokrates und Platon gelehrt hatten. Die alte Polis, der Stadt-Staat, der für die Kämpfer von Marathon Heimat und fragloses Kraftzentrum gewesen war, lebte nicht mehr, es half auch keine Kallipolis, kein Idealstaat, zu dem man hätte flüchten können; die alten Bindungen waren kraftlos geworden, hatten sich innerlich verausgabt und im Rahmen der politischen Gesamtentwicklung überlebt. Was war Athen nach der Ära Alexanders, der dem Blick bis dahin unerhörte Dimensionen erschlossen hatte!

Die Stoa, die dem Menschen eine neue seelische Existenz schaffen will, geht darum wie die etwa gleichzeitig begründete philosophische Bewegung Epikurs vom Einzelwesen aus. Schon ein Jahrhundert zuvor war der Individualismus in der Sophistik gelehrt, aber noch einmal von Sokrates und Platon an seiner Entfaltung gehindert worden. Seit der endgültigen Sprengung des Polisbegriffes im Alexanderreich, in dem der Unterschied zwischen Hellenen und Barbaren aufgehoben wurde, war es nicht mehr möglich, dieses Einzelwesen weltanschaulich in der Enge des angestammten Stadt-Staates zu verankern; jetzt gibt es nur noch die Möglichkeit, ihm in dem Weltstaate eine neue Heimat zu geben; diesem Bestreben verdankt die Stoa ihre Entstehung.

Das beherrschende Prinzip ihrer Weltanschauung ist der Logos, die 'Weltvernunft', aus der auch die menschliche Vernunft stammt. Der Logos ist als Weltvernunft das schöpferische Prinzip im Kosmos, als Einzelvernunft die führende Kraft der menschlichen Seele. Dadurch ist der Mensch als organisches Glied in den Zusammenhang des Kosmos eingeordnet, Bürger des Kosmos geworden. Er erfüllt seine Pflicht, wenn er sein Leben im Einklang mit dem schöpferischen Prinzip im All, der Vernunft oder Natur des Kosmos entsprechend führt; solche Betätigung gewährleistet ihm auch das einem Menschen erreichbare Glück. Mit der Einbürgerung hat der einzelne zugleich eine weitere Bindung mitbekommen. So wahr sein Nächster nicht weniger Träger des Logos ist als er, ist er ihm wesensverwandt. Neben die Beheimatung im Weltstaat tritt so die seelische Bindung an den Nächsten, ja die Liebe zu ihm: die Philanthropie.

Die stoische Philosophie hat ein halbes Jahrtausend bestanden und im Laufe dieser Zeit mancherlei Wandlungen im einzelnen durchgemacht. Man pflegt die alte, mittlere und neue Stoa zu unterscheiden und versteht unter der mittleren im wesentlichen die Zeit von der Mitte des zweiten bis zur Mitte des ersten vorchristlichen Jahrhunderts, unter der neuen die Stoa der römischen Kaiserzeit; die Hauptvertreter der alten Stoa sind neben ihrem Begründer Zenon Männer wie Kleanthes und Chrysippos (280–207), die führenden Köpfe der mittleren Stoa Panaitios (etwa 180–110) und Poseidonios (etwa 140–56); die späte Stoa verkörpern neben Musonius und Seneca (Regierungszeit Neros) vor allem Epiktet (Regierungszeit Trajans und Hadrians) und Marc Aurel. Die Abwandlungen im einzelnen zeigen die Lebendigkeit der philosophischen Bewegung, die Logosphilosophie ist in dem angedeuteten Rahmen Grundlage geblieben; sie entspricht auch der Auffassung Marc Aurels.

Man denkt nun für gewöhnlich nicht an die Logosphilosophie, wenn man sich einen Stoiker vorstellt: man versteht darunter einen Mann von unerschütterlicher Ruhe, von seltenem Gleichmut oder gar einen gegen Schmerz und Bedrückung ganz unempfindlichen Menschen. Nicht ohne Recht; denn auch das ist stoisch, der Vorstufe der Stoa: dem Kynismus, entlehnt, der bis in die Zeit des Sokrates zurückführt. Gerade in dieser Frage zeigen sich im Lauf der Zeit aber bemerkenswerte Schwankungen. Der Kynismus, dem die alte Stoa besonders unter Chrysippos folgt, sieht in der Unempfindlichkeit gegenüber den 'Erleidnissen' (der Begriff ist etwas umfassender als der der Leidenschaft) die unerläßliche Grundlage für die Selbstbestimmung des Menschen, an die er in seiner optimistischen Anthropologie glaubt. Der starre Rigorismus, der darin liegt, und die Entwertung des Körperlichen, ja selbst der Gefühle, sind in der mittleren Stoa unter dem Einfluß des Panaitios wesentlich gemildert, zum Teil fast aufgehoben worden. Panaitios, der im Kreise des jüngeren Scipio eine bedeutende Rolle spielte, zeichnete sich überhaupt durch die größere Wirklichkeitsnähe vor dem doktrinären Intellektualisten Chrysippos aus: er gab der konkreten politischen Wirklichkeit des Imperium Romanum eine sittliche Rechtfertigung und legte so zu der folgenreichen Idee der Roma aeterna den Grund; er setzte an die Stelle des farblosen Schemas der allgemeinen Menschennatur die lebenerfüllte Einzelpersönlichkeit und gründete die mitmenschliche Beziehung konkreter, als es die Philanthropie vermocht hatte, auf die Humanität. Der andere Hauptvertreter der mittleren Stoa, Poseidonios, war der erste nicht nur dem Diesseits zugewandte Stoiker; er erhob die Logosphilosophie zu einer geläuterten monistischen Religion und lehrte die

Einheitlichkeit des Kosmos, in dem alle einzelnen Glieder zueinander in Wechselwirkung und im Verhältnis der Sympathie stehen, und wies auf den stufenförmigen Aufbau hin, der von der Welt des Anorganischen über Pflanze und Tier zum Menschen führt.

Hatte Poseidonios der Stoa ein wissenschaftliches Fundament gegeben, wie sie es bis dahin noch nie besessen hatte, so hat sich die späte Stoa wieder mehr den Aufgaben der praktischen Vernunft zugewendet. Der Verlust wurde durch einen bedeutenden Fortschritt aufgewogen: die ausklingende Stoa erreicht eine deutlich spürbare Verinnerlichung des Menschen und ruft ihn zu steter Rechenschaftsablage vor dem eigenen Gewissen auf. Gleichzeitig verschafft sich die Neigung zu nur relativer Bewertung des Irdischen wieder Geltung, und eine leichte Resignation liegt über der scheidenden Philosophie des heroischen Leidens, zumal über ihrem letzten Vertreter Marc Aurel.

Was der Philosophenkaiser der Tradition der Stoa an philosophischem Gehalt verdankt, ist damit umschrieben; was er zur Geschichte der Stoa aus Eigenem beigesteuert hat, mag noch kurz gesagt sein. Die bisherigen Stoiker waren überwiegend Gelehrte gewesen, deren Leben mit ihrer Lehre nicht immer übereinstimmte; von Marc Aurel gilt wie von keinem vor ihm, daß 'sein Leben seiner Lehre vollkommen gleich war' – wie es auf Zenons Grabstein, wenn auch nicht ganz mit Recht, gestanden hatte. Und was besagte diese Lehre? Marc Aurel ist von dem Gedanken durchdrungen, daß die Welt von der Weltvernunft bis ins kleinste regiert wird und daß es der Weisheit letzter Schluß ist, ihren Willen bejahend in den eigenen aufzunehmen; das ist die geläutertste Form, die die Logosphilosophie in der Geschichte der Stoa erhalten hat. Besonders bezeich-

nend für Marc Aurel ist neben der nur relativen Bewertung des Irdischen, die er mit seinem Lehrer Epiktet teilt, das Wissen um die Problematik des Daseins. Entscheidend für die Beurteilung Marc Aurels ist aber nicht die Tatsache, daß ihm dieser Blick für die Problematik des Lebens gegeben war, sondern die Folgerung, die er für das tägliche Leben daraus zieht. Und da ist es bezeichnend genug, daß sich Marc Aurel nicht einem Weltschmerz ergibt, wie er gerade auch durch den Stoiker Seneca in manchen Kreisen des römischen Adels aufgekommen war, sondern in dem Entschluß, die Forderung des Tages nach Kräften, ja über seine Kraft hinaus, seine Pflicht trotz alledem, ja nun erst recht zu erfüllen, etwas geleistet hat, was unzählige andere mit positiverem Lebensgefühl nie zuwege gebracht hätten. Tapfere, sich selbst verleugnende Hingabe an die Pflicht des Tages, das ist die eine besondere Tugend des Philosophenkaisers gewesen.
Auch die zweite hängt mit dem Untergrunde seiner Weltanschauung zusammen; denn diese hat dem Kaiser nicht nur jene problematische Auffassung nahegelegt, die er in schöpferischer Tätigkeit überwand, sondern ihn auch zu einer so innerlichen Reflexion über die eigene Seele angehalten, wie sie vor ihm kein Stoiker aufweist. Daß er sich unausgesetzt in 'Selbstbetrachtungen' ergeht, ist dafür schon kennzeichnend genug; mehr noch hat die Haltung zu bedeuten, in der die dauernde Rechenschaftsablage erfolgt, und das Ziel, dem sie dient. Marc Aurel konzentriert sich in einer ganz eigenen Weise auf sein Ich und dessen Befriedigung; darum durchleuchtet er sich in fortgesetzter Selbstobjektivation, so, wie er jede auftauchende Vorstellung prüft, damit sich nichts 'Unbegreifliches' in seine Seele einschleicht. Marc Aurel steht mit seiner

Verinnerlichung in der Entwicklung des abendländischen Ichgefühls zwischen der Subjektivität der augusteischen Dichter und den Confessiones Augustins zeitlich und sachlich etwa in der Mitte. Aber sowenig die problematische Auffassung des Daseins des Philosophenkaisers einen praktischen Verzicht auf die pflichtgemäße Erfüllung seiner Aufgaben bedeutete, sowenig verschloß er sich dem Anspruch seiner Mitmenschen auf soziales Verständnis; im Gegenteil: so stark wie der Gedanke bei ihm ist, daß der Mensch Träger des Logos, ein Zoon logikon ist, so lebendig empfindet er sich anthropologisch als geselliges Wesen, als Zoon koinonikon; ja die Verinnerlichung seiner Seele schärft sein mitmenschliches Verantwortungsgefühl, sein soziales Gewissen. Der Philosophenkaiser begibt sich in die Oase seiner Innerlichkeit nur, um neue Kraft zu tätigem Wirken für die res publica zu schöpfen.
Von Seneca stammt die klassische Formulierung der Humanität: *homo res sacra homini,* 'der Mensch ist dem Menschen heilig'; danach gelebt hat keiner so wie Marc Aurel. In der Frage des Blutes völlig vorurteilslos, hat er einen Syrer und einen Phryger zum Schwiegersohn gemacht; seine philosophischen Freunde entstammen allen Völkern des Reiches. Daß alle Menschen Brüder seien, war für ihn nicht nur stoischer Grundsatz. 'Wie du selbst mit deiner Person die menschliche Gesellschaft mitaufbaust, so soll auch jede Tat von dir an ihrem Teile die Lebensgemeinschaft der Menschen mit verwirklichen helfen. Jede deiner Taten, die nicht unmittelbar oder mittelbar auf die Verwirklichung dieser Gemeinschaft hinausgeht, zerreißt den Lebenszusammenhang, zerstört die Lebenseinheit und wirkt zersetzend wie der Bürger, der sich für seine Person dem harmonischen Zusammenleben zu entziehen sucht' (IX, 22).

Bei einem solchen Manne kann das geschriebene Wort immer nur eine Teilvorstellung von seiner wirklichen Bedeutung vermitteln; denn die eigentliche Leistung liegt nicht auf der literarischen Ebene. Das gilt auch für die 'Selbstbetrachtungen', obwohl sie unmittelbarer Ausdruck der Person und damit ein in der ganzen antiken Literatur einzig dastehendes Dokument sind. Denn sie sind ganz intime Gespräche, zwanglose Tagebuchnotizen, die der Fünfzigjährige in den kurzen Stunden der Besinnung in den Kriegsjahren von 171 an im Winterlager oder in seinem Hauptquartier niedergeschrieben hat. Man wird annehmen dürfen, daß sich der Kaiser bis in die letzte Zeit solche Aufzeichnungen gemacht hat.

Die Meinung, daß das verhältnismäßig einheitlich abgefaßte erste Buch zuletzt geschrieben sei, läßt sich mit der Ortsangabe am Schluß dieses Buches schwer vereinbaren; dieser Meinung liegt auch unbewußt die aus verschiedenen Gründen abzulehnende Vorstellung zugrunde, der Kaiser habe jemals an eine Veröffentlichung gedacht. Gegen eine solche Absicht sprechen die Zwanglosigkeit der Gedankenfolge, die vielfache, völlig unredigierte Wiederholung der gleichen Gedanken, mancherlei Verschiebungen in der Beurteilung des gleichen Gegenstandes und schließlich der 'Stil' der Aufzeichnungen. Man darf eigentlich überhaupt nicht vom Stil des Werkes im Sinne einer bewußten Formgebung sprechen; denn eine solche liegt sowenig vor wie bei uns, wenn wir uns Notizen machen, die nur für uns bestimmt sind. Das vorliegende Material ist dann nach dem Tode des Kaisers ohne dessen Anweisung gesichtet und herausgegeben worden, vielleicht von einem seiner Freigelassenen namens Chryseros, der als Verfasser einer römischen Chronologie bekannt geworden ist. Jedenfalls rührt die Einteilung in zwölf Bücher von diesem Herausgeber her; die Kapiteleinteilung stammt erst aus dem 17. Jahrhundert.

Spuren des Werkes finden sich, abgesehen von einer kurzen Erwähnung im 4. Jahrhundert, erst wieder bei dem byzantinischen Lexikographen Suidas (um 900), dem offenbar eine Abschrift vorgelegen hat. Die beste Handschrift der Selbstbetrachtungen, der sogenannte Codex Palatinus (T), ist verschollen. Da er der 1558 in Zürich erschienenen Erstausgabe (editio princeps) des Humanisten Xylander zugrunde liegt, hat dieser Erstdruck für uns den Wert einer Handschrift. Von den noch vorhandenen Handschriften enthält allein der Vaticanus 1950 (A) bis auf einige Zeilen den vollständigen Text, freilich in weniger guter Überlieferung: im übrigen sind nur Exzerpte in größerer Zahl erhalten.

Die vorliegende Übertragung ist im Anschluß an die grundlegende Textgestaltung von H. Schenkl (B. G. Teubner, Leipzig 1913) erarbeitet worden. Die neueste Textausgabe und Übertragung von Willy Theiler (Kaiser Marc Aurel, Wege zu sich selbst, Artemis-Verlag, Zürich 1951) ist mir leider erst nach Abschluß des Manuskriptes zugänglich gewesen. Es war mir jedoch noch möglich, an Hand der Verbesserungsvorschläge Theilers den von mir zugrunde gelegten Text zu überprüfen und die Übertragung in einzelnen Fällen fruchtbarer zu gestalten.

Die Übersetzung kann auf eine leichte Einstilisierung des sehr unklassischen, mit mancherlei vulgärsprachlichen Ausdrücken vermischten Griechisch nicht verzichten – Marc Aurel schreibt als zweisprachig gebildeter Römer in der Ursprache der abendländischen Philosophie –, eines Griechisch, das nicht selten ganz römisch empfunden ist, so daß sich z. B. das Verständnis des verbalen Ausdrucks oft erst bei einer Zwischenübersetzung über das Lateinische ganz erschließt. Teilweise sind die Aufzeichnungen stichwortartig abgefaßt und so knapp, daß eine unstilisierte Übersetzung unverständlich bleiben müßte. Es kann sich bei einer Übertragung Marc Aurels nur um eine solche Verdolmetschung handeln; die Wiedergabe in einer bestimmten literarischen Kunstform erübrigt sich.

Arno Mauersberger

Marc Aurel

Der Weg zu sich selbst

ERSTES BUCH

Meinem Großvater Verus verdanke ich das Vorbild der Herzensgüte und der Gelassenheit.

Mein Vater lehrte mich durch den Ruf, den er genoß, und durch das Wenige, was ich selbst noch von ihm wußte, Bescheidenheit und männlichen Sinn.

Von meiner Mutter lernte ich die Ehrfurcht vor der Gottheit, die Freigebigkeit und die Scheu nicht allein vor der bösen Tat, sondern auch vor der Gedankensünde, ferner die Schlichtheit in der Lebensweise, die so gar nichts von der Art der Reichen an sich hatte.

Von meinem Urgroßvater stammte der Brauch, nicht in die öffentlichen Schulen zu gehen, sondern zu Hause bei guten Lehrern etwas Rechtes zu lernen, sowie die Erkenntnis, daß man für solche Zwecke nicht genug Geld ausgeben kann.

Von meinem Erzieher lernte ich, weder ein Anhänger der 'Grünen' noch der 'Blauen', weder der Gladiatoren mit rundem noch mit langem Schild zu werden, hart im Ertragen und anspruchslos zu sein, selbst Hand anzulegen, mich nicht zu zersplittern und nichts auf Verleumdungen zu geben.

Bei Diognetos lernte ich, mich nicht mit unwichtigen Dingen abzugeben, mißtrauisch gegen das zu sein, was Gaukler und Zauberer über Besprechungen, Bannung von Dämonen und dergleichen mehr zu wissen vorgeben, keine Wachteln zu füttern oder auf ähnliche Beschäftigungen versessen zu sein, Freimut ertragen zu können und in der Philosophie heimisch zu werden, zuerst den Bakcheios, dann den Tandasis und Markianos zu hören, als junger Mensch Dialoge zu schreiben und nur nach einer ganz einfachen Lagerstätte und einem Fell zu verlangen und überhaupt nach Gepflogenheiten, wie sie spartanischer Lebensweise entsprechen.

Rusticus vermittelte mir die Erkenntnis, daß man nach der Läuterung und Pflege des Charakters trachten müsse. Ihm verdanke ich es, wenn ich mich nicht zur Nachahmung der Sophisten verleiten ließ, darauf verzichtete, über wissenschaftliche Theorien zu schreiben oder Moralpredigten zu halten oder in blendender Manier den Asketen oder Wohltäter zu spielen. Ihm verdanke ich es, wenn ich mich von der Rede- und Dichtkunst und der Schöngeisterei fernhielt, zu Hause nicht im Staatsgewand einherschritt oder Ähnliches tat, daß ich schlichte Briefe schrieb, so, wie sein Schreiben aus Sinuessa an meine Mutter abgefaßt war, und gegen die, die mich gekränkt und geschädigt hatten, zugänglich und versöhnlich war, sobald sie selbst zur Reue bereit waren. Und ich lernte von ihm, mit Genauigkeit zu lesen und mich nicht mit einem oberflächlichen Verständnis zu begnügen oder Schwätzern rasch zuzustimmen; er war es auch, der mir die Aufzeichnungen des Epiktet vermittelte, die er mir aus seinen Bücherschätzen zur Verfügung stellte.

Von Apollonius lernte ich die Freiheit des Geistes und die Bedachtsamkeit, für die es kein Schwanken gibt, ferner: auf nichts anderes den Blick zu richten als auf die Vernunft, und wäre es auch nur für kurze Zeit; er lehrte mich den ständigen Gleichmut bei heftigen Schmerzen, beim Verlust eines Kindes, bei langen Krankheiten. An ihm als lebendem Beispiel erkannte ich mit voller Klarheit, daß man sehr energisch und dabei doch gelassen sein kann. Ich lernte bei ihm, was Geduld im Unterrichten ist, und fand in ihm selbst einen Menschen, der Erfahrung und Geschicklichkeit in der Vermittlung theoretischer Erkenntnisse offensichtlich für den geringsten seiner Vorzüge hielt. Schließlich erfuhr ich von ihm, wie man die sichtlichen Gefälligkeiten von Freunden entgegennehmen soll: ohne durch sie seine Freiheit einzubüßen oder sie gar nicht zu merken und unbeachtet zu lassen.

Von Sextus lernte ich, wohlwollend zu sein; er gab mir das Vorbild eines väterlich regierten Hauses, vermittelte mir den Begriff des naturgemäßen Lebens und einer ungekünstelten Würde, die rührende Fürsorge für die Freunde. Er lehrte mich Nachsicht gegenüber wissenschaftlichen Laien und Menschen, die sich mit dem Meinen begnügen, statt zu wissen, das Geschick, sich allen Menschen anzupassen (eine Kunst, die er so vollendet beherrschte, daß der Umgang mit ihm beglückender war als jede Schmeichelei und er gerade bei solchen Gelegenheiten allen Menschen die größte Achtung abnötigte), die treffsichere, planvolle und sichtende Art, die für das Leben notwendigen Grundsätze aufzustellen. Nie erweckte er auch nur den Schein des Zornes oder irgendeiner anderen Leidenschaft, sondern verstand es, frei von jeder Aufwallung des Gemütes und dabei doch betont herzlich zu sein; ich bewunderte an ihm die Bereitwilligkeit, andere lobend anzuerkennen, die Unaufdringlichkeit des Wesens, das umfassende Wissen, ohne daß er je damit geprunkt hätte.

Von dem Philologen Alexander lernte ich, frei von Kritiksucht zu werden, diejenigen nicht in verletzender Weise zu behandeln, die einen unfeinen, falschen oder unangenehm klingenden Ausdruck angewendet hatten, sondern in der Form einer Antwort oder Bestätigung oder einer gemeinsamen Überlegung über die Sache selbst (nicht über das Wort!) eben den Ausdruck, der am Platze gewesen wäre, geschickt anzuwenden oder den falschen durch einen anderen passenden Hinweis ähnlicher Art beiläufig zu verbessern.

Von Fronto habe ich die Erkenntnis, wie mißgünstig, verschlagen und voller Verstellung Tyrannen sind und daß wohl in der Regel die bei uns als Patrizier bezeichneten Menschen liebloser sind als andere.

Von dem Platoniker Alexander lernte ich, nur selten und nicht ohne zwingenden Grund zu jemand zu sagen oder ihm in einem Briefe zu schreiben, ich hätte keine Zeit; er gewöhnte mir ab, mich mit diesem Hinweis laufend den Pflichten zu entziehen, die sich aus dem Verhältnis zu unseren Mitmenschen ergeben, und die Fülle der Geschäfte als Vorwand zu gebrauchen.

Von Catulus lernte ich, die Klagen eines Freundes nicht als unwesentlich zu behandeln, selbst wenn sie unbegründet waren, sondern den Versuch zu machen, ihm wieder zu seinem gewohnten seelischen Gleichgewicht zu verhelfen, über die Lehrer mit aufrichtiger

Anerkennung zu sprechen, wie man dergleichen von Domitius und Athenodotos berichtet; er lehrte mich auch meine Kinder wirklich von Herzen lieben.

Severus verdanke ich den Sinn für das Häusliche, die Liebe zur Wahrheit und das Streben nach Gerechtigkeit. Er vermittelte mir die Kenntnis des Thrasea, Helvidius, Cato, Dion und Brutus und die Vorstellung von einer auf Gleichheit und Redefreiheit beruhenden bürgerlichen Verfassung und einer Monarchie, der die Freiheit der Untertanen über alles geht. Von ihm habe ich die fraglose und gleichmäßige Wertschätzung der Philosophie, die nachhaltige Freude, Gutes zu tun und mit anderen zu teilen, die Zuversicht und den Glauben, von den Freunden geliebt zu werden; vorbildlich war seine Offenheit denen gegenüber, deren Verhalten er nicht billigen konnte, beispielhaft, daß seine Freunde nicht auf Vermutungen darüber angewiesen waren, was er wollte oder nicht wollte, sondern daß seine Haltung unzweideutig war.

Von Maximus lernte ich die Selbstbeherrschung und die Geradlinigkeit in allem Tun, die heitere Gelassenheit bei Krankheiten und sonstigen Anfechtungen, die Ausgeglichenheit des Charakters, die Freundlichkeit und die Würde sowie die wohlüberlegte Erfüllung der vorliegenden Aufgaben. Alle konnten das Vertrauen zu ihm haben, daß er das, was er sagte, wirklich meinte und ohne böse Nebenabsicht tat, was er tat. Er wunderte sich nie über etwas, ließ sich nie aus der Fassung bringen, hastete oder zauderte in keiner Lage, war nie ratlos oder niedergeschlagen, nie zu jemand nur ins Gesicht freundlich oder umgekehrt gegen jemand zornig oder argwöhnisch. Wie gern gab er und war bereit zu verzeihen, wie ehrlich war er in seinen Äußerungen! Er machte vielmehr den Eindruck eines Menschen, der unbeirrbar seinen Weg geht, als den eines Mannes, der auf den rechten Weg zurückgebracht ist. Nie konnte jemand auf den Gedanken kommen, von ihm übersehen zu werden, ebensowenig allerdings es wagen, sich für wertvoller zu halten als ihn. Auch in der Anmut im Umgang mit Menschen war er mir Vorbild.

Vom Adoptivvater habe ich die Milde und das unerschütterliche Festhalten an den wohlüberlegten Entschließungen, die Unbestechlichkeit gegenüber vermeintlichen Ehrungen, die Arbeitsfreudigkeit und die Ausdauer. Er hörte die gern an, die etwas der Allgemeinheit Dienliches vorzubringen hatten, und ließ jedem unbeirrt zukommen, was er verdiente. Er wußte, wo Anspannung der Kräfte und wo Ausruhen nottat. Vorbildlich war, daß er der Knabenliebe Einhalt gebot, vorbildlich auch die Leutseligkeit, mit der er sich gab, und seine Großzügigkeit: er übte auf seine Freunde durchaus keinen Zwang aus, unter allen Umständen mit ihm zu speisen oder auf Reisen zu gehen; von denen, die aus irgendwelchen zwingenden Gründen zu Hause geblieben waren, wurde er in seinem Wesen völlig unverändert befunden. In den Sitzungen des Kronrates prüfte er die Vorlagen genau und blieb bei seiner Meinung: er ließ sich auch nicht, mit oberflächlichen Erwägungen zufrieden, vorzeitig von der Untersuchung abbringen. Seine Freunde wußte er sich zu erhalten, war ihrer nie überdrüssig oder in sie vernarrt. Er bearbeitete alles ganz selbständig, in positiver Einstellung zur Sache, war ein weit vorausschauender Mann und auf das Geringste rechtzeitig bedacht, ohne viel Aufhebens davon zu machen. Unter seiner Regierung wurden die Zurufe der Menge und jede Art von Schmeichelei verboten. Er versäumte nie die notwendigen Regierungsmaßnahmen, verwaltete den Staatshaushalt mit großer Sparsamkeit und ertrug die bei solchen Tätigkeiten übliche Kritik mit Ruhe. Seine religiöse Einstellung war frei von Aberglauben. Die Menschen suchte er nicht durch Schmeicheleien zu fangen, ebensowenig ging er darauf aus zu gefallen, weder dem einzelnen noch der Masse, sondern blieb in allem nüchtern und fest, nirgends geschmacklos oder auf Neuerungen versessen. Die Dinge, die zur Behaglichkeit des Lebens beitragen und die das Glück in Fülle bietet, genoß er, ohne sie zu beanspruchen, und war ihnen innerlich doch so weit aufgeschlossen, daß er sich des Gebotenen unbefangen bediente, dessen, was ihm versagt blieb, nicht bedurfte. Niemand hätte von ihm sagen können, er sei ein Sophist, eine subalterne oder schulmeisterliche Natur, wohl aber, daß er eine gereifte, in sich geschlossene Persönlichkeit sei, unempfindlich für Schmeichelei und in der Lage, seine Angelegenheiten und die anderer zu meistern. Dazu kam noch seine Wertschätzung der echten Philosophen; den anderen machte er keine Vorwürfe, ließ sich jedoch auch nicht von ihnen beeinflussen. Vorbildlich waren seine Umgänglichkeit und seine nie übertriebene Liebenswürdigkeit. Für seinen eigenen Körper sorgte er mit Maßen, weder wie einer, der zu sehr am Leben hängt oder aus Gründen der Eitelkeit Körperpflege treibt, noch wie einer, der darin zuwenig tut: kurz, er lebte so, daß er dank seiner eigenen Aufmerksamkeit in den seltensten Fällen ärztlicher Kunst, irgendwelcher Medikamente oder der Umschläge bedurfte. Am vorbildlichsten war das neidlose Zurücktreten vor Leuten, die in einem Fache Meister waren, etwa in der Beredsamkeit oder in der gründlichen Kenntnis der Gesetze oder Sitten oder irgendwelcher anderer Dinge, und die Zusammenarbeit mit solchen Fachleuten zu dem Zweck, daß jeder Tüchtige nach seinen besonderen Vorzügen ausgezeichnet würde. In allem handelte er nach den Sitten der Väter, legte es aber nicht darauf an, damit Eindruck zu machen. Er war auch nicht wankelmütig oder gleich bereit, den Mut zu verlieren, sondern blieb bei denselben Grundsätzen und Aufgaben. Nach den heftigen Anfällen von Kopfschmerzen war er sogleich wieder frisch und ging kraftvoll an seine gewohnten Arbeiten. Geheimnisse hatte er nicht, nur ganz wenige und selten genug, und diese betrafen lediglich Fragen des Staatswohles. In der Veranstaltung öffentlicher Spiele, der Ausführung von Bauwerken, bei Spenden und ähnlichen Anlässen war er besonnen und maßvoll, wie es einem Manne entspricht, der nur auf das sieht, was notwendig getan werden muß, nicht auf den Ruhm, den ihm sein Handeln einbringen könnte. Er badete nicht zur Unzeit, war auch nicht darauf aus, ein Haus nach dem anderen zu bauen, dachte nicht über Tafelgenüsse nach, nicht über das Gewebe und die Farben von Gewändern oder über die Schönheit jugendlicher Körper. Seine Kleidung kam von seinem in der Ebene gelegenen Landgut, von Lorium, herauf, und die meisten Anschaffungen stammten aus Lanuvium. Wie behandelte er den Zollpächter in Tuskulum, der ihn um Verzeihung bat! So war immer seine Art: es gab keine Unfreundlichkeit, geschweige denn Unerbittlichkeit, nichts Maßloses oder von der Art, daß man hätte sagen können 'bis aufs Blut' – nein, es war alles in aller Ruhe bis ins kleinste wohlüberlegt, unerschütterlich fest verankert, geordnet und in innerem Einklang miteinander. Gut charakterisiert ihn, was man von Sokrates erzählt: daß er entbehren und genießen konnte, wo die meisten zur Entsagung zu schwach und im Genuß zu unbeherrscht waren. Stark, beherrscht und nüchtern aber in beiden Beziehungen zu sein, dazu gehört schon ein Mann mit einem rechten Herzen und einer unbezwinglichen Seele. So lernte man ihn während der Krankheit des Maximus kennen.

Den Göttern verdanke ich, daß ich gute Großväter, gute Eltern, eine gute Schwester, gute Lehrer, gute Hausgenossen, Verwandte, Freunde, überhaupt fast nur gute Menschen um mich hatte; die Götter bewahrten mich auch davor, daß ich etwa übereilt einem von ihnen etwas zuleide tat. Ich war dazu schon veranlagt, so daß ich unter Umständen auch einer solchen Tat fähig gewesen wäre; doch die Gnade der Götter ließ keine Verwicklung der Ereignisse eintreten, die mich hätte auf die Probe stellen können. Ihnen verdanke ich es auch, daß ich nicht länger bei der Geliebten meines Großvaters erzogen wurde, daß ich mir meine jugendliche Reinheit erhielt und nicht vor der Zeit zum Mann wurde, sondern sogar noch etwas Zeit gewann; daß ich einem Herrscher und Vater untertan war, der mir jede Spur von Hochmut aberziehen und mich zu der Erkenntnis bringen sollte, daß es möglich ist, am Hofe zu leben, ohne nach der üblichen Leibgarde, nach prunkvoller Kleidung, nach Fackeln und Bildsäulen und ähnlichem Gepränge zu verlangen, daß es vielmehr möglich ist, sich fast wie ein Privatmann einzuschränken und trotzdem den notwendigen Führungsaufgaben zum Wohle des Ganzen nicht schwächer oder weniger besorgt gegenüberzustehen. Den Göttern danke ich auch dafür, daß sie mir einen Bruder gaben, der danach angetan war, mich mit seinem Charakter zur Sorge um die eigene Seele aufzurufen, der mich aber zugleich durch seine Achtung und Liebe erfreute; daß mir keine Kinder geschenkt wurden, die geistig unbegabt und körperlich verkrüppelt waren. Die Götter fügten es, daß ich in der Rhetorik, der Dichtkunst und den anderen Studienfächern keine allzugroßen Fortschritte machte, die mich vielleicht ganz dabei festgehalten hätten, wenn ich gemerkt hätte, ich käme in ihnen gut voran; sie gaben mir auch die Möglichkeit, meine Erzieher sehr bald in die ehrenvollen Stellen zu befördern, nach denen sie mir zu verlangen schienen, und sie nicht, da sie noch jung waren, mit der Hoffnung vertrösten zu müssen, ich würde es später nachholen. Dank göttlicher Fügung lernte ich den Apollonius, Rusticus und Maximus kennen, konnte ich mir über das Wesen des naturgemäßen Lebens oft und in voller Klarheit meine Gedanken machen, so daß einem naturgemäßen Leben bei mir nichts mehr im Wege stand, soweit die Götter, die von ihnen kommende Gnade, ihre Hilfen und Eingebungen dazu beitragen konnten. Wenn ich noch hinter dem Ideal zurückblieb, dann war es meine Schuld, weil ich die Winke, ja fast Weisungen der Götter nicht befolgte. Den Göttern danke ich es, daß meine Lebenskraft bei einem solchen Dasein so lange aushielt; daß ich weder die Benedicta noch den Theodotus berührte, sondern auch später wieder zurückfand, als ich von Liebesleidenschaft ergriffen war. So oft ich dem Rusticus zürnte, tat ich doch nichts, was ich hätte bereuen müssen. Meine Mutter, die so jung sterben sollte, konnte ihre letzten Jahre doch noch bei mir verleben. Den Göttern sei es auch gedankt, daß ich niemals zu hören brauchte, ich hätte nicht das nötige Geld, wenn ich einen Verarmten oder sonst Hilfsbedürftigen unterstützen wollte, daß ich aber auch selbst nie in eine vergleichbare Notlage geriet, daß ich von einem anderen etwas hätte annehmen müssen; daß ich eine solche Frau habe, so fügsam, so zärtlich, so schlicht; daß ich genug geeignete Erzieher für meine Kinder fand; daß mir in Träumen mancherlei Hilfe zuteil wurde, so daß besonders das Blutspucken und die Schwindelanfälle aufhörten; daß mir schließlich der Mann in Caeta gewissermaßen wahrsagte. Dank der Fügung der Götter geriet ich bei meinem Verlangen nach philosophischer Erkenntnis nicht in die Hand irgendeines Sophisten oder verfiel darauf, billige Allerweltserfahrungen niederzuschreiben oder Trugschlüsse aufzulösen oder ein Meteorologe zu werden; denn alles das bedarf der Hilfe der Götter und glücklicher Umstände.

Aufgezeichnet bei den Quaden am Granuas

1,17

ZWEITES BUCH

Das sage dir am frühen Morgen: Ich werde heute mit einem zudringlichen, einem undankbaren, einem frechen, falschen, neidischen und einem unfreundlichen Menschen zusammentreffen. Die Genannten haben alle erwähnten Eigenschaften nur, weil sie sich über das Wesen des Guten und Bösen nicht im klaren sind. Ich aber habe die Natur des Guten erkannt und weiß, daß es schön und daß das Schlechte von Natur häßlich ist und daß der sündigende Mensch von Haus aus mit mir verwandt ist. Ist er auch nicht gleichen Blutes wie ich und gleicher Herkunft, so hat er doch wie ich teil an der göttlichen Vernunft und Gnade, und ich kann von keinem solchen Menschen einen Schaden erleiden. Denn keiner wird mich in Häßliches verstricken; ich kann auch dem, der mit mir verwandt ist, weder zürnen noch feind sein. Denn wir sind dazu geboren, miteinander zu schaffen, wie die Füße, die Hände, die Augenlider, wie die Reihen der oberen und unteren Zähne. Einander entgegenzuarbeiten ist daher naturwidrig; wenn man aber unwillig über den anderen ist und sich innerlich von ihm abwendet, arbeitet man bereits gegen ihn.

Was ich auch sein mag: es ist doch nur ein wenig Fleisch, ein schwacher Atem und die führende Vernunft. Weg mit den Büchern, laß dich von ihnen nicht einfangen; da liegt deine Bestimmung nicht! Nein, verachte das Leibliche, als stürbest du bereits: es ist doch nur Blut, Knochen und ein Gewebe, aus Sehnen, Venen und Arterien zusammengefügt! Denk auch darüber nach, wie flüchtig dein Atem ist! Er ist nur bewegte Luft, und es ist nicht einmal immer die gleiche, sondern sie wird jeden Augenblick ausgeatmet und neu wieder eingesogen. Das dritte ist nun die führende Kraft. Mach dir klar: du bist ein alter Mann! Laß die Vernunft nicht länger Sklavin sein, nicht mehr von selbstsüchtigen Trieben wie eine Marionette hin- und hergezogen werden; laß nicht länger zu, daß deine vernünftige Seele über die Fügung des Schicksals oder über dein gegenwärtiges Los grollt oder die Zukunft fürchtet!

Das Walten der Götter läßt überall die Vorsehung erkennen; auch die 'zufälligen' Ereignisse stehen nicht außerhalb des Naturzusammenhanges oder außerhalb der Verkettung und Verflechtung der von der Vorsehung gesetzten Ordnung. Von ihr geht alle Bewegung aus, in ihr ist die Zwangsläufigkeit des Geschehens und die Förderung des Wohles des gesamten Kosmos mitinbegriffen, von dem auch du ein Teil bist. Jedem Gliede der Allmutter Natur ist zuträglich, was diese entstehen läßt und was zu ihrer Erhaltung dient; den Kosmos aber erhalten die Umwandlungen sowohl der Elemente wie der aus ihnen zusammengesetzten Körper. Wenn du dies klar erkannt hast, dann laß dir daran genügen! Den Durst nach Büchern aber unterdrücke, damit du nicht murrend sterben mußt, sondern mit wahrhaft heiterem Gemüte und dankbaren Herzens gegen die Götter scheiden kannst!

Vergiß nicht, wie lange du schon die Verwirklichung solcher Grundsätze hinausschiebst und wie oft dir die

Götter schon eine Frist gesetzt haben, ohne daß du sie eingehalten hättest! Du mußt doch endlich einmal begreifen, was das für ein Kosmos ist, von dem du ein Teil bist, und wer der Gestalter der Welt ist, als dessen Ausstrahlung du ins Leben tratst! Daß dir nur eine engbegrenzte Spanne Zeit vergönnt ist; nutzt du sie nicht zur Erleuchtung deiner Seele, dann wird sie eines Tages verstrichen sein und du selbst dahin, und eine zweite Möglichkeit wird dir nicht gegeben werden.

Trachte danach, die Aufgabe, die gerade vor dir liegt, mit gesammelter Kraft und in ernster, aber unverkrampfter Würde, in Liebe zu deinem Nächsten, in innerer Freiheit und Gerechtigkeit als Römer und als Mann zu erfüllen, und verschaff dir Ruhe vor allen anderen Gedanken! Das wird dir gelingen, wenn du jede Handlung so vollziehst, als ob es die letzte deines Lebens wäre, frei von jeder Planlosigkeit, frei von Leidenschaft, die dich dem gesunden Urteil der Vernunft entzieht, frei von Pose und Selbstliebe, frei von Unmut über das Los, das dir das Schicksal zugedacht hat. Du siehst, wie wenig es ist, was du meistern mußt, um ein glückliches, gottgefälliges Leben führen zu können; denn auch die Götter fordern von dem, der diese Mahnungen befolgt, nichts weiter.

Geh ins Gericht mit dir, meine Seele, ja quäle dich nur! Mit dir zufrieden zu sein, wirst du bald keine Zeit mehr haben! Nur eine kurze Spanne ist jedem zugemessen, und du hast deinen Lauf fast schon vollendet. Und doch siehst du deine Würde nicht in der Achtung vor dir selbst, sondern machst dein Glück von den Seelen anderer abhängig!

Läßt du dich von den äußeren Dingen irgendwie beirren? So nimm dir einmal die Zeit, etwas wirklich Wertvolles hinzuzulernen, und hör auf, dich von den Dingen treiben zu lassen! Hüte dich aber auch vor der anderen Verirrung: Toren sind nämlich auch die, die durch ihr Tun am Leben müde geworden sind und kein Ziel mehr haben, auf das sie ihre ganze Willenskraft, ja überhaupt ihre Gedanken richten.

Du hast schwerlich jemand zu Gesicht bekommen, der unglücklich geworden wäre, weil er sich mit dem, was in der Seele eines anderen vorgeht, nicht befaßt hat; der aber muß unweigerlich unglücklich sein, der den Regungen der eigenen Seele nicht nachgeht.

Denk immer daran, was das Weltall innerlich zusammenhält und was dein Wesen ist, in welchem Zusammenhang deine Seele mit dem Ganzen der Welt steht, welchen Teil von welchem Ganzen du ausmachst und daß es niemand gibt, der dich hindern könnte, deine Handlungen und Worte stets im Einklang mit der Natur, von der du ein Teil bist, zu halten!

Echt philosophisch sagt Theophrast bei einem Vergleich sittlicher Verstöße (man stellt ja solche Vergleiche gern an), daß die Vergehen aus Begierde schwerer wiegen als die im Zorn begangenen. Der Zornige scheint sich nämlich mit einer gewissen Trauer und mit heimlichem Verdruß von der Vernunft abzuwenden; wer aber aus Begierde sündigt, erliegt dem Luststreben und ist offensichtlich in gewissem Sinne zuchtloser und in seinen Schwächen unmännlicher. Mit Recht und eines Philosophen würdig sagt also Theophrast, daß die von Lustempfindungen begleitete Sünde einen schwereren Vorwurf verdiene als die unter Kummer verübte. Der Zornige gleicht überhaupt mehr einem Menschen, der vorher ein Unrecht erlitt und sich durch den Schmerz zum Zorn hinreißen ließ; der andere aber trägt den Anstoß zur Sünde in der eigenen Brust. Denn wenn er etwas verübt, dann läßt er sich von seinem Luststreben dazu verleiten.

Handle, sprich und denk in allem so, als müßtest du möglicherweise im Augenblick aus dem Leben scheiden! Die Gemeinschaft der Menschen aufzugeben, kann nichts Beängstigendes sein, wenn es Götter gibt; denn sie werden dich nicht ins Unglück geraten lassen. Gibt es aber keine Götter, oder menschliches Ergehen berührt sie nicht, was hat dann das Leben in einer entgötterten Welt, ein Dasein ohne Vorsehung für einen Sinn? Aber es gibt natürlich Götter, und das Ergehen der Menschen liegt ihnen sehr wohl am Herzen, ja, sie haben es dem Menschen sogar ganz anheimgegeben, daß er dem wahrhaft Bösen nicht zu verfallen braucht. Wenn es sonst noch ein Übel gäbe, sie hätten auch bei diesem Vorsorge getroffen, daß es an jedem einzelnen von uns liegt, ihm nicht zu verfallen. Wie aber könnte etwas das Leben eines Menschen ärmer machen, was ihn selbst nicht schlechter machen kann? Allmutter Natur hat weder aus Unkenntnis noch wissentlich, aber außerstande, einem solchen Zustand vorzubeugen oder ihn zu berichtigen, so etwas übersehen und – etwa hilflos oder ungeschickt – einen so schweren Fehler begangen, guten und schlechten Menschen unterschiedslos in gleichem Umfange Gutes und Schlechtes widerfahren zu lassen. Aber Tod und Leben, Ruhm und Unberühmtheit, Mühsal und Lust, Reichtum und Armut, all das trifft die guten wie die schlechten Menschen gleichermaßen, da es an sich weder schön noch häßlich ist. Also ist es auch weder sittlich gut noch böse.

Wie schnell doch alles verschwindet: im Kosmos die Menschen selbst, in der Ewigkeit die Erinnerung an sie! Alles, was wir mit unseren Sinnen wahrnehmen, ist so geartet, besonders, was uns durch Lust lockt, durch Leid schreckt oder durch leeren Ruhm berückt: wie unbedeutend und gering an Wert, wie unsauber, vergänglich und tot ist es! Dies zu erwägen, ist die Aufgabe unserer Vernunft. Wer sind denn die, deren Meinungen und Äußerungen Ruhm verleihen? Was ist denn das Sterben? Sieht man ihm auf den Grund und scheidet in zergliederndem Denken die mit ihm für gewöhnlich verbundenen Vorstellungen aus, dann wird man erkennen, daß das Sterben nichts anderes ist als ein natürlicher Vorgang; nur ein Kind aber fürchtet sich vor einem solchen. Und dabei ist es nicht nur eine bloße Erscheinung der Natur, sondern ihr sogar von Nutzen.
Wie tritt der Mensch in Berührung mit der Gottheit? Mit welchem Teile seines Wesens nimmt er die Beziehung zu ihr auf, und wie stellt sich im gegebenen Falle dieser Teil des Menschen ein?

Es gibt nichts Erbärmlicheres als einen Menschen, der alles auf der Welt im Kreislauf seiner Gedanken durchmessen hat, ja nach dem Dichterwort selbst die Dinge unter der Erde erforschen will und die Vorgänge in den Seelen seiner Nächsten durch Rückschlüsse zu deuten sucht, ohne zu merken, daß es genügt, Umgang mit dem Gott in der eigenen Brust zu haben und ihm in der rechten Weise zu dienen. Dieser Dienst aber besteht darin, daß er ihn von Leidenschaft, Planlosigkeit und Mißmut über das, was ihm von Göttern und Menschen geschieht, rein erhält. Denn was von den Göttern kommt, ist ehrwürdig wegen seiner Vortrefflichkeit, was von den Menschen kommt, wegen ihrer Verwandtschaft mit uns lieb und vertraut, manchmal freilich auch in gewissem Sinne bemitleidenswert, weil es auf einer Unkenntnis des Guten und Schlechten beruht. Dieser Mangel an Blick für das Sittliche ist nicht weniger schlimm als eine Krankheit, die zum Verlust der Fähigkeit führt, Schwarz und Weiß voneinander zu unterscheiden.

Und wenn du dreitausend Jahre leben dürftest oder dreißigtausend, darüber mußt du dir doch im klaren sein, daß niemand ein anderes Leben verliert als das, was er lebt, und daß er kein anderes lebt als das, was er hingeben muß; so lang oder so kurz es ist, es kommt auf dasselbe hinaus. Denn das Gegenwärtige ist für alle an Dauer gleich, das Verlorene nicht mehr unser eigen, und die Einbuße erweist sich – so gesehen – als geringfügig. Denn weder die Vergangenheit noch die Zukunft kann man verlieren. Wie könnte man auch einem etwas rauben, was er gar nicht besitzt? An die folgenden zwei Wahrheiten muß man also immer denken: erstens, daß sich alles seit Ewigkeiten in einem regelmäßigen Kreislauf immer in derselben Weise abwickelt und es demnach nichts zu bedeuten hat, ob einer dieselben Eindrücke in hundert oder in zweihundert Jahren oder in einer unbegrenzt langen Zeit empfangen wird; zweitens, daß der Hochbetagte das gleiche verliert wie einer, dem ein früher Tod bestimmt ist. Denn nur die Gegenwart wird ihm entrissen werden, da ihm ja die allein gehört und niemand mehr verlieren kann, als was er besitzt.

Es ist alles wirklich bloße 'Meinung'. Denn der Ausspruch des Kynikers Monimos ist einleuchtend. Einleuchtend ist aber auch die Nutzanwendung des Ausspruches, wenn man seine geglückte Formulierung in ihrem eigentlichen Gehalt erfaßt.

Die Seele des Menschen versündigt sich am meisten an sich selbst, wenn sie aus eigener Verschuldung so etwas wie eine Wucherung, wie ein Geschwür des Kosmos wird. Denn der Unmut über irgendein Geschehen ist schon ein Abfall von der Schöpfung, in deren Bereiche alle anderen Wesen zu einer Gemeinschaft zusammengefaßt sind. Weiterhin versündigt sie sich, wenn sie sich von einem Menschen abkehrt oder sich gar gegen ihn wendet, um ihm zu schaden, wie es die Seelen der Zornigen zu tun pflegen. Drittens versündigt sich die menschliche Seele an sich selbst, wenn sie der Lust oder dem Schmerz erliegt, viertens, wenn sie heuchelt und in ihrem Reden und Tun unaufrichtig und falsch ist, fünftens, wenn sie sich in ihrem Drang, etwas zu tun, und ihrem Handeln nicht von einem bestimmten Ziele leiten läßt, sondern planlos und ohne Folgerichtigkeit etwas tut, während doch auch die unbedeutenden Handlungen im Hinblick auf die Zweckbestimmung des Menschen begonnen werden sollten. Es ist aber die Bestimmung vernunftbegabter Wesen, dem Aufbaugesetz und der Ordnung der ehrwürdigsten Gemeinschaftsform und Verfassung zu folgen, d. h. dem Kosmos.

Die Dauer des menschlichen Lebens gleicht einem Punkt, die Substanz des Menschen einem Flusse; sein Empfindungsvermögen vermittelt unklare Erkenntnisse, die Zusammensetzung des ganzen Körpers ist so, daß er leicht der Fäulnis verfällt. Die Seele ist ewig kreisende Bewegung, das Schicksal ein Rätsel, unser Ruf ein Geschwätz. Kurz: alles Körperliche ist wie ein Fluß, das Seelische Traum und Trug, das Leben ein Kampf und ein Verweilen in der Fremde, der Nachruhm aber Vergessenheit. Was kann uns da sicher geleiten? Einzig und allein die Philosophie. Philosoph aber sein heißt, den Gott in der eigenen Brust vor Mißhandlung und Schaden bewahren, Herr sein über Lust und Schmerz, nichts planlos tun oder innerlich verlogen und voller Heuchelei, nicht darauf angewiesen sein, daß ein anderer etwas tut oder unterläßt. Der Philosoph nimmt ferner alles, was ihm widerfährt und zugemessen wird, in dem Bewußtsein auf, daß es irgendwie von dort kommt, woher er selbst kam; in jeder Lage erwartet er den Tod mit heiterem Gemüte, da er in ihm nichts anderes sieht als einen Zerfall in die Urstoffe, aus denen jedes Lebewesen aufgebaut ist. Wenn aber für die Elemente selbst nichts Schlimmes darin liegt, daß jedes einzelne von ihnen beständig in ein anderes übergeht, warum sollte man dann die Umwandlung und den Zerfall aller mit bedenklichen Augen ansehen? Es ist doch nur ein natürlicher Vorgang, und es ist nichts schlecht, was aus natürlichen Ursachen geschieht.

Aufgezeichnet in Carnuntum

II, 17

DRITTES BUCH

Nicht allein das gilt es zu bedenken, daß mit jedem Tag ein Stück unseres Lebens verlorengeht und ein immer kleinerer Teil von ihm übrigbleibt, sondern es ist auch das zu erwägen, daß es durchaus fraglich ist, ob uns bei einer Verlängerung unseres Daseins die Kraft des Denkens auch weiterhin ungeschmälert erhalten bleibt und zur Erfassung der Geschehnisse und zu jener Betrachtung ausreichen wird, die auf die Erkenntnis der göttlichen und menschlichen Dinge ausgeht. Wenn nämlich einer kindisch zu werden anfängt, so werden Atmung und Verdauung, Vorstellungs- und Triebleben und anderes dieser Art deshalb noch nicht nachlassen, vor der Zeit aber erlöschen die freie Verfügung über die eigene Person, die genaue Erkenntnis aller unserer Pflichten, die Fähigkeit, die Erscheinungen zu zergliedern und sich gerade auch darüber schlüssig zu werden, ob es nunmehr nicht an der Zeit ist, aus dem Leben zu scheiden, und Probleme ähnlicher Art zu durchdenken, die freilich einen geschulten Verstand erfordern. Man muß die Zeit also zusammennehmen, nicht nur, weil wir uns mit jedem Augenblick dem Tode nähern, sondern auch, weil die Fähigkeit, die Dinge zu erfassen und folgerichtig zu denken, schon vor der Zeit erlischt.

III, 1

Man sollte auch Beobachtungen anstellen wie die, daß auch die Begleiterscheinungen natürlicher Vorgänge etwas Anmutiges und Reizvolles haben können. Wenn z. B. ein Brot gebacken wird, bekommt es an manchen Stellen Risse, und was so an Spalten entsteht und in gewissem Sinne dem Vorhaben des Backens zuwiderläuft, nimmt sich doch gut aus und erregt unseren Appetit in eigentümlicher Weise. Auch die Feigen sind geplatzt, wenn sie überreif sind, und bei den voll ausgereiften Oliven gibt gerade die nahe an Fäulnis heranführende Entwicklungsstufe der Frucht einen besonderen Reiz. Auch die Ähren, die ihr früchteschweres Haupt zur Erde neigen, die gerunzelte Stirn des Löwen, der Schaum, der aus dem Rachen der Eber fließt, und viele andere Erscheinungen, die, für sich betrachtet, kaum etwas mit Schönheit zu tun haben, sind doch ein zusätzlicher Schmuck und befriedigen unseren Schönheitssinn, weil sie mit natürlichen Erscheinungen verbunden auftreten. Wenn daher ein Mensch ein natürliches Empfinden und eine tiefere Einsicht in die Geschehnisse im Weltall hat, dann wird sich ihm fast alles in seiner Weise zu einer beglückenden Harmonie zu ordnen scheinen, auch die Dinge, die sich nur als Nebenwirkung einstellen. Ein solcher Mann wird auch die Rachen wilder Tiere, so wie sie in Wirklichkeit sind, mit nicht geringerem Vergnügen betrachten als die, die uns Maler und Bildhauer in deren Nachahmung zeigen. Auch die vollendete Reife und Schönheit einer älteren Frau und eines Greises und den Liebreiz eines Kindes wird er mit seinen weise gewordenen Augen zu sehen vermögen und viele ähnliche Schönheiten, die freilich nicht jedermann überzeugend findet: sie werden sich nur dem erschließen, der mit der Natur und ihren Schöpfungen innig vertraut ist.

Hippokrates, der viele Krankheiten hatte heilen können, erkrankte selbst und starb. Die Chaldäer hatten vielen den Tod vorausgesagt; dann ereilte auch sie das Verhängnis. Alexander, Pompeius und C. Caesar, die so oft ganze Städte von Grund aus zerstört und in der Schlacht Tausende und aber Tausende von Reitern und Fußvolk niedergemäht hatten, mußten schließlich auch selbst einmal aus dem Leben scheiden. Heraklit, der über den Weltuntergang durch Feuer so viele Betrachtungen angestellt hatte, bekam die Wassersucht und starb, obwohl er sich mit Kuhdünger eingerieben hatte. Den Demokrit töteten wirkliche Läuse, den Sokrates 'andere', die er sich in den Pelz gesetzt hatte. Was mit dem allen gemeint sei, fragst du? Du hast das Lebensschifflein bestiegen, die Fahrt gewagt und bist in den Hafen eingefahren: so steige denn aus! Gehst du einem zweiten Dasein entgegen, so wisse: die Götter sind überall, also auch dort. Versinkst du aber in Empfindungslosigkeit, dann wirst du Ruhe vor Schmerz und Lust haben und nicht mehr einem Gefäße zu dienen genötigt sein, das ebenso unbedeutend ist wie die dem Körper dienende Seele an Werten reich. Denn diese ist Geist und göttliches Leben, der Körper Erde und Staub.

Vergeude den Rest deines Lebens nicht mit Nachdenken über andere Menschen, außer wenn du damit gemeinnützige Zwecke verbinden kannst; denn sonst gehst du anderen Aufgaben verloren. Denk also nicht darüber nach, was der oder jener tut und warum er es tut, was er sagt und denkt und im Schilde führt; es gibt so viele solcher Fragen, die dich nur von der Beobachtung der eigenen Seele ablenken. Meide daher auch Ziel- und Planlosigkeit in deinen Vorstellungsreihen, vor allem aber zwecklose Wißbegier und häßliche Gedanken! Gewöhne dich daran, nur gute Gedanken zu haben! Wenn dich jemand mit der Frage überraschte: Was denkst du jetzt? mußt du darauf sofort ehrlich antworten können: das und das. Es muß gleich im Augenblick klar sein, daß alles, was du denkst, aufrichtig und gut gemeint ist, wie es einem Wesen entspricht, das ein Gefühl für Gemeinschaft hat, lustbetonte oder gar lüsterne Vorstellungen meidet, jeder Art von Ehrgeiz oder Neid und Argwohn oder einer anderen ähnlichen Empfindung fernsteht, über die du bei dem Geständnis, du hättest sie im Sinn gehabt, erröten müßtest. Denn ein Mann dieser Art, der nicht länger zögert, von nun an zu den Besten zu gehören, ist ein Priester und Diener der Götter und lebt in vertrautem Umgang mit dem Gott in seiner Brust, der den Menschen von Lustgefühlen frei macht, unverwundbar von jeglicher Mühsal, unberührt von aller Mißhandlung, unempfindlich gegen alle Schlechtigkeit, zum Helden macht in dem schwersten Kampfe, keiner Leidenschaft zu erliegen, von Gerechtigkeitsliebe tief durchdrungen sein läßt, von Herzensgrunde alles bejahen heißt, was ihm widerfährt und zuteil wird, selten genug und dann nicht ohne zwingenden Grund und nur aus Menschenliebe darüber nachdenken läßt, was ein anderer sagt oder tut oder im Sinn hat. Nur die eigenen Aufgaben sucht er zu verwirklichen und bedenkt ständig nur seinen Anteil an dem Gesamtgeschehen; er bringt seine Aufgaben zu einem guten Ende und ist fest davon überzeugt, daß sein Schicksal, so wie es ist, gut ist. Denn das Einzelschicksal ist unlösbar mit dem Gesamtgeschehen verbunden und im Aufbau der Welt unverloren. Er denkt auch daran, daß alle vernunftbegabten Wesen miteinander verwandt sind und daß es der menschlichen Natur entspricht, um alle Menschen besorgt zu sein, daß man sich aber nicht an die Meinung aller halten darf, sondern nur an die Zustimmung derer, die in Übereinstimmung mit der Schöpfung leben. Wie sich die Menschen, die nicht so leben, daheim und außerhalb ihres Hauses, bei Nacht und tagsüber benehmen, was für Menschen sich da mit ihresgleichen zusammenfinden, daran denkt er unaufhörlich. Auf die Anerkennung solcher Geschöpfe, die ja selbst nicht mit sich zufrieden sind, legt er natürlich keinen Wert.

Handle nur nach deinem eigenen Entschluß, zum Besten der Gemeinschaft, wohlüberlegt und in Treue zu dir selbst! Gib deinen Gedanken kein prunkendes Gewand! Mach nicht viel Worte und zersplittere dich nicht durch Vielgeschäftigkeit! Der Gott in dir sei Lenker eines mannhaften, gesetzten und der Gemeinschaft ergebenen Menschen, eines Römers und eines Herrschers, der seine Stellung bezogen hat wie einer, der auf das Signal wartet, das ihn aus dem Leben ruft, und bereit ist, ihm zu folgen, ohne eines Eides oder eines Menschen als Zeugen zu bedürfen! Sei heiter dabei, unabhängig von fremder Hilfe und nicht auf Ruhe angewiesen, die du anderen zu verdanken hättest. Man soll gerade stehen, nicht sich aufrichten lassen!

Wenn du im menschlichen Leben etwas Besseres findest als Gerechtigkeit, Wahrhaftigkeit, Selbstbeherrschung, Mannhaftigkeit und vollends als das Genügen der Seele an sich selbst, d. h. die Zufriedenheit mit dem, was sie dich mit rechter Vernunft vollbringen läßt und im Bereich des Schicksals als ungewolltes Los tragen heißt – wenn du, wie gesagt, etwas Besseres entdeckst als das, dann wende dich ihm mit ganzer Seele zu und genieße froh, was du als das Beste erfunden hast! Wenn dir aber nichts besser erscheint als der Gott, der in deiner Brust wohnt, der sich die eigenen Triebe unterworfen hat, seine gedanklichen Vorstellungen laufend überprüft und sich von den Lockungen der Sinne, wie Sokrates sagte, freigemacht hat, sich den Göttern untergeordnet hat und in der Sorge für die anderen aufgeht – wenn du alles andere unbedeutender und wertloser findest als ihn, dann gib keinem anderen Raum in deiner Seele! Hast du dich einmal einem anderen zugeneigt und den rechten Pfad verlassen, dann wirst du nicht mehr unbehelligt jenem eigentümlichen Wert, der dein eigener ist, den Vorzug geben können. Denn dem Segen des vernünftigen Denkens und sozialen Handelns darf nach göttlichem Gebote keinesfalls etwas Wesensfremdes, wie z. B. der Beifall der Masse, Ämter, Reichtum oder Sinnenfreude, in deiner Seele entgegentreten. All das hat uns nämlich, ehe wir uns dessen versehen, übermannt und mit sich fortgerissen, auch wenn es für eine kurze Zeit in unser Leben zu passen scheint. Du aber wähle, wie gesagt, geraden Sinnes und als freier Mann das Bessere und halte es fest! Besser aber ist das Vorteilhafte. Wenn du das für ein vernunftbegabtes Wesen Vorteilhafte als besser ansiehst, dann bewahre es dir; wenn du dagegen das, was dir als bloßem Lebewesen dient, besser findest, dann sag es offen und halte deine Entscheidung aufrecht, ohne viel Aufhebens davon zu machen. Die Hauptsache ist nur, daß du die Prüfung mit der gebotenen Vorsicht vornimmst.

Halte nie etwas für vorteilhaft für dich, was dich einmal zwingen kann, dein Wort zu brechen, deine Selbstachtung aufzugeben, jemand zu hassen, zu beargwöhnen, zu verfluchen, mit anderen ein unredliches Spiel zu treiben, etwas zu begehren, was der Wände oder verhüllender Vorhänge bedürfte. Denn wer seine Vernunft, den Dämon in seiner Brust und den heiligen Dienst an dessen Vervollkommnung allem anderen vorzieht, verzichtet auf hohes Pathos, stöhnt nicht, wird weder der Einsamkeit noch vieler Menschen bedürfen, und was die Hauptsache ist: er wird leben, ohne dem Leben nachzujagen oder vor ihm zu fliehen. Ob er aber seine Seele für eine längere oder kürzere Zeitspanne in dem Kerker seines Leibes behalten wird, macht ihm nicht das geringste aus.

Wenn er schon aus dem Leben scheiden muß – er geht ja so leichten Herzens von dannen, als wenn er irgend etwas anderes täte, was sich in Ehren und mit Anstand vollziehen läßt; nur davor hütet er sich sein ganzes Leben lang, daß sich seine Seele so entwickeln könnte, wie es einem vernunftbegabten, von sozialem Verantwortungsgefühl erfüllten Wesen widerspräche.

In der Seele des zuchtvollen und geläuterten Menschen findet man keine eiternde, schwärende oder gar verfaulte Stelle. Auch entreißt ihm das Schicksal sein Leben nicht als ein Fragment, wie man von einem tragischen Schauspieler sagen könnte, daß er von der Bühne abtritt, ehe seine Rolle ausgespielt und das Stück zu Ende ist. Es findet sich an ihm ferner nichts Sklavisches oder Geziertes; er ist weder auf Menschen angewiesen noch auf der Flucht vor ihnen, weder einem anderen unterworfen noch vor ihm auf der Hut.

Hüte und pflege dein Urteilsvermögen; in ihm liegen allein die Voraussetzungen dafür, daß sich in deine Vernunft keine Vorstellung einschleicht, die mit den Grundgesetzen der Schöpfung und der Bestimmung des vernunftbegabten Lebewesens in Widerspruch steht. Diese aber verlangt Besonnenheit des Urteils, humane Gesinnung und Ergebung in den Willen der Götter.

So schüttle denn alles andere von dir ab und beherzige nur diese wenigen Wahrheiten! Und denke ferner daran, daß jeder nur diesen kurzen Augenblick der Gegenwart zum Leben hat! Die übrige Zeit hat er entweder gelebt, oder sie liegt im dunklen Schoße der Zukunft. Jeder erlebt also nur eine kurze Zeit, und bescheiden ist der Erdenwinkel, in dem er sein Dasein verbringt. Wenig genug besagt auch der längste Nachruhm, und er beruht ja auch nur auf der Überlieferung von armseligen Menschen, die nur zu bald sterben müssen und nicht einmal sich kennen, geschweige denn den Mann, der schon so lange vor ihrer Zeit gestorben ist.

Zu den bereits ausgesprochenen Ermahnungen soll noch eine hinzukommen: daß du dir immer einen Begriff oder eine anschauliche Vorstellung von jedem Gegenstand machst, der in dein Bewußtsein eintritt, so daß du in der Lage bist, ihn in seinem Wesen, frei von störenden Nebenvorstellungen, als Ganzes zu sehen, das als Teil in das Weltganze eingegliedert ist, und imstande bist, den besonderen Begriff des Gegenstandes und die Begriffe der Substanzen, aus denen er aufgebaut wurde und in die er sich wieder auflösen wird, klar im Bewußtsein zu formulieren. Denn nichts vermag uns so über das Irdische zu erheben wie die Fähigkeit, methodisch richtig und sachlich zutreffend jede Lebenserscheinung zu prüfen und sie immer so anzusehen, daß man sich gleichzeitig darüber klar wird, welchen Nutzen sie für das Ganze hat (welche Beschaffenheit hat dieses Ganze selbst?) und dementsprechend welchen Wert, welchen Wert aber auch für den Menschen als Bürger des höchsten Staates, von dem die übrigen Staaten gleichsam die Häuser sind; daß man erkennt, was das eigentlich ist, was jetzt diese Vorstellung in dir erweckt, woraus es besteht und welche Lebensdauer ihm von der Natur gegeben ist und welche seelische Tugend ihm gegenüber angebracht ist, z. B. Sanftmut, Mannhaftigkeit, Wahrhaftigkeit, Treue, Einfachheit, Unabhängigkeit und was es sonst noch dergleichen gibt. Daher muß man sich bei allem und jedem sagen: dies hier kommt von Gott, dies da von schicksalhafter Verkettung, vom bloßen Zusammenspiel verschiedener Kräfte, von zufälligem Zusammentreffen und von ungefähr, jenes von meinem Stammesgenossen, Verwandten, Gefährten, der freilich nicht weiß, was für ihn naturgemäß ist. Ich aber weiß das sehr gut; deshalb behandele ich ihn nach dem natürlichen Gesetz der Gemeinschaft wohlwollend und gerecht. Dabei strebe ich aber zugleich danach, die Gegenstände von bedingtem Werte richtig einzustufen.

Wenn du der gesunden Vernunft folgst und die Aufgabe des Tages mit Ernst, mit innerer Sammlung und Bereitschaft erfüllst und nichts anderes daneben betreibst, sondern deinen Dämon rein erhältst, als müßtest du ihn jetzt im Augenblick zurückgeben – wenn du das schaffst, ohne etwas zu hoffen oder zu fürchten, dir vielmehr an der gegenwärtigen naturgemäßen Tätigkeit und der rechten Wahrhaftigkeit in Wort und Rede genügen läßt, dann wirst du glücklich leben. Es gibt niemand, der dich daran hindern könnte.

Wie die Ärzte immer ihre Instrumente und Messer für unvorhergesehene Operationen zur Hand haben, so mußt du die Grundgedanken, die zum Wissen um göttliche und menschliche Dinge führen, immer in dir bereit halten und alles, und wäre es das kleinste, so tun wie einer, der vom Bewußtsein ihrer wechselseitigen Verschränkung durchdrungen ist. Denn du kannst im menschlichen Bereiche nichts Rechtes ohne gleichzeitige Beziehung auf das Göttliche ausrichten, und umgekehrt es genauso.

Laß dich nicht mehr beirren! Du wirst weder dazu kommen, deine Aufzeichnungen zu lesen noch die Taten der alten Römer und Griechen und die Auszüge aus ihren Schriften, die du dir für den Lebensabend zurechtgelegt hast. Eile daher dem Ziele entgegen, wirf die eitlen Hoffnungen hinter dich, und wenn dir an dir gelegen ist, dann hilf dir selbst, solange es dir noch vergönnt ist.

Die Menschen wissen nicht, was das Stehlen, Säen, Kaufen, das Ruhen und die Einsicht, was notwendig zu tun ist, bedeuten. Das läßt sich freilich auch nicht mit den leiblichen Augen wahrnehmen; dazu bedarf es einer anderen Sicht.

Körper, Seele, Geist: dem Körper gehören die Sinne, der Seele die Triebe, dem Geist die Grundsätze an. Sinneseindrücke empfangen auch die Tiere, von Trieben gelenkt werden die Tiere, die Zwitter, Männer wie Phalaris und Nero. Den Geist als Lenker zu ihren vermeintlichen Pflichten gebrauchen auch die Gottesleugner, Vaterlandsverräter und Leute, die zu allem fähig sind, wenn sie ihre Türen hinter sich zugeschlossen haben. Wenn nun alles Übrige nach dem Gesagten allgemeiner Besitz ist, dann bleibt als Eigenes für den guten Menschen nur ein überzeugtes Jasagen, ein Bereitsein zu dem übrig, was das Schicksal an Erleben über ihn verhängt; er wird den im Inneren seines Herzens wohnenden Gott nicht durch Unreinheit entehren oder durch ein Gewirr von Vorstellungen beunruhigen, sondern ihm seine heitere Gelassenheit bewahren, Gott gehorchen, wie es sich gebührt, und nichts sagen, was der Wahrheit, nichts tun, was der Gerechtigkeit widerstreitet. Wenn ihm aber die Menschen alle nicht glauben wollen, daß er ein anspruchsloses, sittlich reines und frohgemutes Leben führt, dann zürnt er keinem von ihnen und läßt sich nicht von dem Wege abbringen, der zu dem Ziele des Lebens führt, zu dem man reinen Herzens und ruhigen Gemütes, in innerer Bereitschaft und in unerzwungener Einwilligkeit in das eigene Schicksal kommen muß.

III, 17

VIERTES BUCH

Wenn der bestimmende Teil unseres Wesens den Gesetzen der Allnatur folgt, ist seine Einstellung zu den Ereignissen so, daß er sich jeweils leicht nach den Gegebenheiten des Schicksals zu richten vermag. Er fühlt sich an das Stoffliche in keiner Gestalt gebunden, sondern wendet sich seinen Aufgaben mit dem gebührenden inneren Abstande zu und macht aus dem, was ihm sonst entgegentritt, Material für das eigene Handeln wie das Feuer, wenn es dessen Herr wird, was hineingeworfen wird, während ein kleines Licht davon wohl zum Erlöschen käme: das flammende Feuer pflegt sich sehr rasch die hineingeworfenen Gegenstände anzueignen und sie zu verzehren und lodert gerade davon nur noch höher auf.

Unternimm nichts aufs Geratewohl oder anders als nach dem Grundsatz vollkommener Planmäßigkeit.

Die Menschen suchen Möglichkeiten, sich zurückzuziehen: Aufenthalt auf dem Lande, an der See und im Gebirge; auch du hast dich daran gewöhnt, lebhaft nach solchen Ortsveränderungen zu verlangen. Aber all diese Unrast ist recht töricht. Du hast doch zu jeder beliebigen Stunde des Tages die Möglichkeit, dich in dich selbst zurückzuziehen! Es gibt ja nirgends eine ruhigere und ungestörtere Stätte, zu der ein Mensch flüchten könnte, als die eigene Seele, vor allem für den Menschen, der in seinem Inneren die Werte trägt, deren Betrachtung ihm augenblicklich Erleichterung gewährt. Mit dieser Erleichterung meine ich nichts anderes als die Wiederherstellung des inneren Gleichgewichtes. Gönne dir also ständig diese stille Einkehr und erneuere dich selbst! Kurz und grundlegend sollen die Überlegungen sein, die du anstellst; sie werden dir im Augenblick die Kraft geben, den ganzen Hof von dir fernzuhalten, und dich in deine Welt entführen, ohne daß du den Dingen grollst, zu denen du danach zurückkehrst. Denn wem willst du grollen? Der Schlechtigkeit der Menschen? Erinnere dich doch des Satzes, daß die vernunftbegabten Wesen füreinander geboren sind, daß Geduld ein Teil der Gerechtigkeit ist und daß die Menschen gegen ihren Willen sündigen! Wie viele haben sich schon entzweit, in Argwohn, Haß und Feindschaft gelebt und – sind längst begraben und zu Asche geworden! So höre endlich auf damit! Aber du bist auch über den Anteil am Weltganzen verärgert, der auf dich entfällt? Entsinne dich der Alternative: entweder Vorsehung oder Atome! und der vielen Beweise, aus denen sich ergab, daß das Weltall wie ein Staatsorganismus aufgebaut ist! Oder machen dir deine körperlichen Gefühle noch zu schaffen? Bedenke, daß sich der Geist nicht mit dem bald sanft, bald rauh bewegten Lebenshauch vermischt, wenn er sich einmal von ihm gelöst und seine besondere Fähigkeit erkannt hat; erinnere dich übrigens auch dessen, was du über das Thema: Schmerz und Lust gehört und selbst bestätigt hast! Will dich der nichtige Ruhm um deine Ruhe bringen? Sieh doch, wie schnell alles vergessen ist, wie unendlich weit Vergangenheit und Zukunft in ihrer Unbegrenztheit reichen! Bedenke die Wertlosigkeit des Beifalls, den Wankelmut und die Urteilslosigkeit deiner vermeintlichen Verehrer, die Enge des Raumes, auf den aller Ruhm beschränkt bleibt! Die ganze Erde ist ja nur ein Punkt im All, und der wievielte Bruchteil von ihr ist diese Menschenansiedlung hier? Wie viele Verehrer kannst du denn da finden, und was sind sie selbst wert? Entsinne dich im übrigen der Möglichkeit, dich in die Oase der eigenen Innerlichkeit zurückzuziehen, laß dich vor allem nicht zersplittern, versteife dich auf nichts, sondern erhalte dir deine Freiheit und betrachte die Dinge wie ein Mann, wie ein Mensch, ein Bürger, ein sterbliches Wesen! Unter den Wahrheiten, auf die du blicken sollst, sollen diese beiden ganz im Vordergrunde stehen: Die erste besagt, daß die Gegenstände die Seele nicht berühren, sondern unbewegt außerhalb von ihr verharren, daß also die Beunruhigungen ausschließlich von der Vorstellungswelt unserer Seele ausgehen. Zweitens: Wie bald ändert sich all das, was du siehst, und wird bald nicht mehr bestehen! Denk immer daran, wie viele Dinge sich schon vor deinen Augen gewandelt haben! Die Welt ist ewige Wandlung, das menschliche Leben ein Wahn.

Wenn das Denkvermögen allgemein-menschlicher Besitz ist, dann ist auch die Vernunft, die uns zu theoretisch denkenden Wesen macht, allen eigen. Ist dem so, dann ist auch die praktische Vernunft, die uns vorschreibt, was wir tun oder lassen sollen, Gemeinbesitz. Dann ist uns aber auch das Gesetz gemeinsame Verpflichtung und wir sind alle Bürger. Sind wir das, dann gehören wir *einem* Staatswesen an. So wahr das der Fall ist, so sicher ist das Weltall gewissermaßen unsere politische Heimat. Welcher gemeinsamen Verfassung sollte das ganze Menschengeschlecht denn sonst wohl angehören? Von dort aber, aus dieser gemeinsamen Weltheimat, stammt eben unsere Vernunft, unser Denkvermögen und das Gesetz unseres Daseins. Oder woher sollte das alles sonst gekommen sein? Denn wie das Erdige meiner Meinung nach abgesonderter Teil von einem Grundstoff Erde ist, das Feuchte von einem anderen Element, das Hauchartige von einem Urstoff Luft, das Warme und Feurige wieder aus einer eigenen Quelle stammen (denn nichts geht aus dem Nichts hervor, so wenig etwas in nichts vergeht), so ist auch unser Denkvermögen irgendwoher gekommen.

Der Tod ist wie die Geburt ein Geheimnis der Allmutter Natur: Aufbau aus denselben Grundstoffen, Auflösung in die gleichen Elemente – jedenfalls nichts, dessen man sich zu schämen hätte. Denn Leben und Sterben stehen nicht im Widerspruch zu dem, was aus der Denkfähigkeit des Menschen folgt und zum Gesetz seines Aufbaues.

Es ist naturnotwendig, daß die Menschen ihrer Charakterveranlagung entsprechend handeln. Wer das nicht wahrhaben will, der will, daß die Feige keinen Saft hat. Du solltest keinesfalls vergessen, daß ihr beide, du und irgendein anderer, in kürzester Zeit tot seid und daß wenig später nicht einmal euer Name mehr übrig sein wird!

Unterdrücke die Vorstellung, du seist geschädigt worden, dann ist die Klage darüber gegenstandslos. Unterdrückst du diese, dann ist auch der Schaden aufgehoben.

Was den Menschen nicht schlechter macht, macht auch sein Leben nicht ärmer und schadet ihm weder äußerlich noch innerlich.

Beherzige die Erkenntnis: die Allnatur kann nicht anders als so handeln, wenn es dem Ganzen dienlich sein soll.

Alles, was geschieht, geschieht mit Recht. Wenn du genau zusiehst, wirst du es bestätigt finden. Ich meine, es geschieht nicht nur nach der natürlichen Folge von Ursache und Wirkung, sondern gerechterweise, als ob es ein höheres Wesen nach Verdienst und Würdigkeit zuteilte. Achte also darauf, wie du anfängst, und laß dich bei allem Tun von dem Bestreben leiten, gut zu sein, gut in der eigentlichen Bedeutung des Wortes! Erhalte dir diese Einstellung bei allem, was du tust!

Teile nicht die Auffassungen, die dein Beleidiger hat oder bei dir sehen möchte, sondern sieh darauf, wie die Dinge wirklich liegen!

Zu diesen zwei Dingen mußt du immer bereit sein: erstens, nur das zu tun, was dir die Vernunft als höchste gesetzgebende Instanz zum Wohle deiner Mitmenschen vorschreibt; zweitens, umzulernen, wenn dich jemand eines Besseren belehrt und von einer unzutreffenden Vermutung abbringt. Die Sinnesänderung darf jedoch immer nur von der wirklichen Überzeugung ausgehen, daß der Standpunkt des anderen gerecht oder für das Ganze förderlich ist. Nur solche Gründe sind berechtigt; ändere deine Ansicht nicht etwa, weil dir das Annehmlichkeiten oder Anerkennung in Aussicht stellt!

'Hast du Vernunft?' 'Ja.' 'Warum gebrauchst du sie also nicht? Was kannst du dir denn anderes wünschen, als daß sie ihre Aufgabe erfüllt?'

Als Teil des Ganzen kamst du ins Leben; du wirst wieder in dem aufgehen, was dich erzeugte, richtiger: du wirst durch eine Umwandlung in seinen schöpferischen Urgrund zurückkehren.

Viele Weihrauchkörner werden auf dem gleichen Altar geopfert, das eine fällt früher, das andere später in die Opferflamme – es macht das keinen Unterschied aus.

In zehn Tagen wirst du denen als Gott erscheinen, denen du jetzt wie ein Raubtier und ein Affe vorkommst, wenn du zu den Grundsätzen und zur Verehrung der Vernunft zurückkehrst.

Tu nicht so, als ob du Tausende von Jahren zu leben hättest! Das Schwert des Todes schwebt schon über dir. Werde gut, solange du noch lebst, solange noch die Möglichkeit dazu besteht!

Wieviel Muße gewinnt der Mensch, der nicht darauf achtet, was sein Nächster eben sagte, tat oder dachte, sondern nur darauf, daß das gerecht ist und Gott wohlgefällt oder der Handlungsweise eines guten Menschen entspricht, was er selbst eben tut. Sieh nicht auf die schwarze Seele in deiner Umgebung, sondern geh geradenwegs auf dein Ziel zu, ohne seitwärts zu blicken!

Wer leidenschaftlich nach Ruhm verlangt, macht sich nicht klar, daß alle, die seiner gedenken, selbst sehr bald sterben werden, dann ebenso deren Nachfahren, bis schließlich die ganze Erinnerung vergeht, die nur dadurch weiterlebte, daß Menschen an ihn dachten, deren Lebenslicht auch einmal erlöscht. Angenommen, die Menschen, die sich deiner erinnern, wären selbst unsterblich, das Andenken an dich von ewiger Dauer – was hättest du davon? Ich will gar nicht sagen, daß der Tote nichts davon hat. Aber was hat der Lebende von der Anerkennung? Du verzichtest ja nur auf die Gaben, die dir die Natur jetzt bietet, wenn du dich in einer ganz unangebrachten Berechnung an das Urteil der Nachwelt über dich klammerst!

Alles wahrhaft Schöne, welcher Art es auch sein mag, trägt seine Schönheit in sich selbst und ist in sich vollendet; die Würdigung durch andere ist kein Bestandteil seines Wesens. Anerkennung macht einen Gegenstand jedenfalls weder schlechter noch besser. Das behaupte ich sogar von den Dingen, die in weiterem Sinne schön genannt werden, wie z. B. von den Gebilden der Natur und den Erzeugnissen der Kunst. Wie wenig ist erst das wahrhaft Schöne auf Anerkennung angewiesen! Nicht mehr als das Gesetz, die Wahrheit, das Wohlwollen, das Ehrgefühl. Welcher dieser Werte ist nur schön, weil er Anerkennung findet, vergeht aber, wenn er getadelt wird? Verliert der Smaragd an seinem Werte, wenn er nicht gepriesen wird? Und wie ist es mit Gold, Elfenbein, Purpur, einer Leier, einer Klinge, einer Blume oder einem Strauch?

Wie können die Seelen in der uns umgebenden Luft alle Platz finden, wenn sie von Ewigkeit zu Ewigkeit fortleben? Nun, wie faßt denn die Erde die Leiber der Menschen, die seit Urzeiten bestattet werden? So wie die Erde nach kurzem Verweilen der Leichname im Grabe durch deren Umwandlung und Auflösung für andere Tote Raum schafft, so bleiben auch die Seelen, die in die Luft übergehen, nur einige Zeit bestehen. Dann verwandeln auch sie sich, verflüchtigen sich und gehen wieder in den schöpferischen Urgrund alles Seienden ein und machen auf diese Weise denen Platz, die nun in der Luft ihre Heimat finden. Das kann man auf die Frage nach der Fortdauer der Seelen etwa antworten. Man muß aber nicht nur an die Menge der auf diese Weise bestatteten Menschenkörper denken, sondern auch an die jeden Tag von uns und den anderen Lebewesen verspeisten Tiere. In welcher Unzahl werden sie verzehrt und so gewissermaßen in den Körpern der Wesen begraben, die sich von ihnen nähren! Und dennoch faßt die Erde sie alle, weil sie teils in Blut umgewandelt, teils in luftartige oder feurige Substanz aufgelöst werden. Worauf beruht bei der vorliegenden Frage die Möglichkeit, die Wahrheit zu erforschen? Auf der Unterscheidung von Materiellem und Ursächlichem.

Laß dich nicht beirren, sondern erfülle bei jeder Regung deines Tätigkeitsdranges die Forderung der Gerechtigkeit und bewahre dir beim Auftauchen einer neuen Vorstellung in deinem Bewußtsein die Klarheit des Blickes!

Alles entspricht meinem Willen, was mit dir, o Kosmos, übereinstimmt: nichts kommt mir zu früh oder zu spät, was für dich zur rechten Zeit eintritt. Alles, was deine Jahreszeiten, Allmutter Natur, bringen, ist mir dankbar genossene Frucht. Von dir kommt alles, in dir ist alles beschlossen, zu dir kehrt alles zurück. Der

Dichter sagt: 'O teure Stadt des Kekrops!' – willst du nicht jubeln: 'Geliebte Stadt des Zeus!'?

Treibe nur Weniges, sagt der Weise, wenn du frohen Mutes sein willst. Ob es nicht besser ist, nur das Notwendige zu tun und das, was die Vernunft des Lebewesens lehrt, das von der Natur zur Gemeinschaft bestimmt ist, und zwar in *der* Weise, wie sie es lehrt? Denn das schenkt uns die Heiterkeit der Seele, nicht nur die, die aus dem rechten Handeln erwächst, sondern gerade auch die, die man der Beschränkung auf wenige wesentliche Aufgaben verdankt. Wenn man nämlich das meiste von dem, was wir sagen und tun, als unnötig unterläßt, wird man mehr Muße und weniger Unruhe haben. Daher sollte man sich bei jedem gegebenen Anlaß der Frage erinnern: Gehört das wirklich zu den unerläßlichen Handlungen? Aber man soll nicht nur die Handlungen, die nicht unbedingt nötig sind, unterlassen, sondern selbst Vorstellungen unterdrücken, soweit sie nicht in einem höheren Sinne notwendig sind. Denn dann folgen auch keine Handlungen nach, auf die man gut verzichten könnte.

Versuch es doch einmal, wie dir die Lebensform eines guten Menschen zusagt, der der Schöpfung für den Anteil dankbar ist, den sie ihm zuerkennt, und sein Genügen im eigenen sittlichen Handeln und in guter Gesinnung findet!

Hast du das eingesehen? Nun, dann begreife auch das: Schaffe dir nicht selbst Unfrieden! Strebe nach Abgeklärtheit! Es sündigt einer? Es ist zu seinem eigenen Schaden! Es hat dich etwas betroffen? Auch das ist gut und richtig. Alles, was geschieht, ist dir seit Anbeginn im Weltenplane zugedacht und zuerkannt. Vor allem bedenke: das Leben ist kurz. Nutze die Gegenwart mit weiser Überlegung und Redlichkeit! Sei auch in Stunden der Entspannung nüchtern!

Die Welt ist entweder wohlgeordnet oder ein zufälliges Durcheinander? Nein, sie ist die Ordnung schlechthin! Oder kann sich in deiner Seele eine Ordnung entwickeln, wenn im All Unordnung herrscht? Das sollte denkbar sein bei der harmonischen Wechselwirkung, in der alle Dinge trotz ihrer Vereinzelung und Besonderung miteinander stehen?

Auch ein Charakter: eine schwarze Seele, ein unmännlicher, halsstarriger, raubtierhafter, tierartiger, kindischer, dummer, falscher, kriecherischer, betrügerischer, tyrannischer Charakter.

Wenn der ein Fremdling im Weltall ist, der die *Erscheinungen* in ihm nicht begreift, dann ist auch der nicht weniger ein Fremdling, der die *Ereignisse* im Weltall nicht versteht. Ein Verbannter ist der, der sich dem Gesetze der Gemeinschaft entzieht, ein Blinder, wer sein geistiges Auge der Erkenntnis verschließt, ein Bettler, wer eines anderen bedarf und nicht alles, was er zum Leben braucht, aus Eigenem bestreiten kann. Eine Wucherung am Weltkörper ist der, der über das, was geschieht, ungehalten ist und sich dadurch von der das Weltall durchwaltenden Vernunft trennt und lossagt; denn sie, die auch dich ins Leben rief, führt ja dies Geschehen herbei. Ein Verräter an der Gemeinschaft ist ja jeder, der die Verbindung seiner Seele mit der einen Weltseele löst, an der alle vernunftbegabten Wesen teilhaben.

Der eine philosophiert ohne Leibrock, der andere ohne Buch. Ein anderer ist halbnackt. 'Ich habe kein Brot', sagt er, 'und bleibe der Allvernunft doch treu.' Ich aber sage: 'Ich kann meinen Lebensunterhalt auch nicht von der Wissenschaft bestreiten und halte ihr doch die Treue.'

Freue dich an den bescheidenen Kenntnissen, die du dir angeeignet hast, und finde an ihnen dein Genügen. Geh das letzte Wegstück deines Lebens wie ein Mensch, der all sein Ergehen aus ganzem Herzen den Göttern anheimgestellt hat und sich weder zum Herrn noch zum Sklaven eines Menschen macht.

Vergegenwärtige dir einmal der Wissenschaft halber die Zeiten unter Vespasian! Da wirst du all das zu sehen bekommen: Menschen, die heiraten, Kinder aufziehen, krank sind, sterben, Kriege führen, Feste feiern, Handel treiben, das Land bebauen –, Menschen, die schmeicheln, anmaßend, argwöhnisch oder heimtükkisch sind, Menschen, die den Tod herbeisehnen, über ihre Lage murren, lieben, Schätze sammeln, nach dem Konsulat, nach der Königskrone verlangen. Nun, von diesem einst gelebten Leben ist auch nicht eine Spur mehr vorhanden! Wandere in deinen Gedanken weiter zur Zeit Traians! Das Bild ist auch da in allem genau das gleiche. Auch das Leben dieser Epoche ist unwiderruflich dahin. Betrachte in gleicher Weise auch die Überlieferung von anderen Zeiten und ganzen Völkern und sieh, wie viele Menschen sich abgemüht haben und doch nach kurzer Zeit dahinsanken und sich in die Elemente auflösten! Vor allem aber mußt du an die denken, die du selbst noch kennengelernt hast, wie sie leere Freuden genossen und es unterließen, ihrer besonderen

Bestimmung als Menschen entsprechend zu handeln, daran mit Zähigkeit festzuhalten und darin allein ihre Befriedigung zu finden. Bei dieser Gelegenheit solltest du bedenken, daß die Anstrengung bei allem Tun dem besonderen Werte, den die einzelne Handlung hat, genau entsprechen muß. Wenn du dich nicht mehr, als angemessen ist, mit Dingen von geringerem Werte abgibst, wirst du keine Entmutigung zu befürchten haben.

Früher gebräuchliche Ausdrücke sind jetzt veraltet. So sind auch die Namen einst weltbekannter Männer jetzt gewissermaßen 'veraltete' Wörter: Camillus, Caesō, Volesus, Dentatus; wie bald gilt dies auch für Scipio und Cato, dann auch für Augustus und schließlich auch für Hadrian und Antoninus. Denn es verblaßt alles und wird rasch zur Sage; nur zu bald ist es in völligem Vergessen begraben. Und das sage ich von Menschen, die sich in bewunderungswürdiger Weise vor anderen ausgezeichnet haben! Die anderen sind schon bei dem letzten Atemzuge dahin und klanglos verschollen. Was ist überhaupt schon der ewige Nachruhm? Leerer Schall! Worauf soll man also Mühe verwenden? Allein darauf: auf eine rechtliche Gesinnung, auf Taten der Menschenliebe und unbedingte Ehrlichkeit in unseren Worten, auf eine innere Einstellung, die alles Geschehen als notwendig, als vertraut, als Ausstrahlung einer uns nicht weniger vertrauten schöpferischen Kraft, der Quelle alles Seienden, begrüßt.

Überantworte dich aus freiem Entschluß der Klotho und laß sie deinen Lebensfaden mit den Geschehnissen verspinnen, mit denen sie will!

Alles ist nur von kurzer Dauer, das Erinnerungsvermögen so gut wie der Gegenstand der Erinnerung.

Beobachte ohne Unterlaß, wie alles aus Umwandlung hervorgeht, und gewöhne dich an den Gedanken, daß die Allnatur nichts so liebt wie die Umwandlung dessen, was ist, und die Erschaffung von gleichem Neuen. Alles, was ist, ist in gewissem Sinne Keim zu dem, was aus ihm werden wird. Du aber stellst dir unter 'Keimen' lediglich das vor, was man der Erde oder dem mütterlichen Schoß anvertraut; dies ist aber eine zu kindliche Auffassung.

Bald wirst du tot sein, und noch immer bist du weder einfältigen Herzens und ruhigen Gemütes noch frei von der Sorge, äußere Dinge könnten dir schaden, bist nicht freundlich gegen alle Menschen und auch nicht gewillt, Rechtlichkeit im Handeln allein als Weisheit anzusehen!

Sieh genau auf die Seelen der Menschen und beobachte, welchen Dingen die Weisen ausweichen, welchen sie folgen!

Was du als Übel empfindest, liegt nicht in der Seele eines anderen, der dir weh tat, auch nicht in einer Umwandlung und Veränderung deiner Umwelt. Wo liegt es also? Da, wo das Vermögen, ein Übel seelisch aufzunehmen, in dir seinen Sitz hat. Dieser Teil von dir soll das Übel nicht als solches auffassen, und alles ist gut. Auch wenn das, was ihm unmittelbar benachbart ist, der schwache Leib, geschnitten, gebrannt wird, eitert oder fault, soll sich das Vermögen in dir, solche Vorgänge aufzufassen, trotzdem seine Ruhe bewahren. Das heißt: es soll urteilen, daß es weder etwas wirklich Gutes noch etwas wirklich Böses gibt, was in gleicher Weise einem schlechten und einem guten Manne widerfahren kann. Denn was dem, der im Widerspruch zu den Gesetzen der Natur lebt, in gleicher Weise zustößt wie dem, der sein Leben nach ihnen einrichtet, das ist selbst weder naturgemäß noch naturwidrig: es steht jenseits von Gut und Böse.

Man muß sich den Kosmos immer nur als *ein* Lebewesen mit einer einzigen Substanz und Seele vorstellen und darauf achten, wie alles Geschehen in das eine Bewußtsein dieses Kosmos tritt, wie er alles mit einer einzigen Antriebsenergie bewirkt und wie alles Mitursache von allem ist, was geschieht, und welcher Art die Verflechtung und innere Verknüpfung alles Geschehens ist.

Nach Epiktets Worten bist du ein 'Seelchen, das einen Leichnam trägt'.

Was sich in Umwandlung *befindet,* erleidet dabei nichts Schlimmes, so wenig etwas Gutes dabei ist, wenn sich etwas aus einer Umwandlung *bildet.*

Ein Strom, aus den Geschehnissen gebildet, ist die Zeit, ein reißendes Gewässer. Kaum hast du den einzelnen Vorgang zu Gesicht bekommen, ist er auch schon vorbei, und ein anderer treibt vorüber, der deinen Blikken bald entschwinden wird.

Alles, was geschieht, ist mir so vertraut und bekannt wie die Rose im Lenz und die Frucht zur Erntezeit. Dazu gehören auch Krankheit und Tod, Verleumdung und Nachstellung, und was sonst noch die Toren erfreut oder betrübt.

Was regelmäßig dem Vorangegangenen folgt, folgt diesem aus inneren Gründen. Es geht dabei nämlich nicht wie bei einer Aufzählung zu, wo sich rein äußerlich eins dem anderen anschließt und die einzelne Größe lediglich 'in der Reihe' steht, sondern es handelt sich um eine sinnvolle Verknüpfung. Und wie das Seiende in Harmonie zusammenwirkt, so zeigen auch die Vorgänge nicht eine bloße Aufeinanderfolge, sondern einen geradezu wunderbaren inneren Zusammenhang.

Denk immer an das Wort Heraklits, daß es 'der Erde Tod ist, Wasser zu werden, des Wassers Tod, Luft zu werden, der Luft Tod, Feuer zu werden' und umgekehrt. Denk auch an 'den Menschen, der vergißt, wohin der Weg führt', und den Satz: 'Mit dem das All durchwaltenden Weltgeist, mit dem sie in erster Linie in dauerndem Umgang stehen, mit dem entzweien sich die Menschen, und was ihnen täglich begegnet, das erscheint ihnen fremd' und an die Stelle: 'Man muß nicht wie ein Schlafender handeln und sprechen; denn wir scheinen ja auch in diesem Zustande zu handeln und zu sprechen'· und schließlich an das Wort: 'Man muß es auch nicht wie die Kinder mancher Eltern machen, d. h. einfach sagen: 'wie man es uns gezeigt hat'.

Wenn zu dir ein Gott sagte, daß du morgen, spätestens jedoch übermorgen sterben mußt, würdest du keinen entscheidenden Wert mehr darauf legen, lieber übermorgen als morgen zu sterben, außer bei einem völligen Mangel an Haltung (denn wie bedeutungslos ist der Unterschied!). So sei überzeugt, daß es auch nicht viel zu besagen hat, ob du nach vielen Jahren stirbst oder morgen!

Halte dir immer vor Augen, wie viele Ärzte das Zeitliche gesegnet haben, die oft über ihre Kranken die Stirn gerunzelt, wie viele Astrologen, die den Tod anderer wie ein großes Geheimnis vorausgesagt haben! Wie viele Philosophen sind dahin, die über Tod und Unsterblichkeit tausend und mehr kluge Gedanken vorgebracht, wie viele Helden, die so manchen Feind erschlagen haben, wie viele Tyrannen, die ihre Macht über Menschenseelen in schrecklicher Selbstüberhebung mißbraucht haben, als wären sie unsterblich! Wie viele ganze Städte sind sozusagen gestorben: Helike, Pompeji, Herkulaneum und unzählige andere! Geh auch die vielen, die du selbst noch gekannt hast, in Gedanken durch, einen nach dem anderen. Da hat der eine *den* Freund, der andere *jenen* begraben, und bald mußten sie sich selbst bestatten lassen – das alles geschah in kurzer Zeit! Mach dir überhaupt die Vergänglichkeit und Armseligkeit des menschlichen Daseins recht klar! Gestern Träger des Lebens, morgen Mumie und Asche! Durchwandere also diese kurze Spanne Zeit nach den Gesetzen alles natürlichen Lebens und gehe heiteren Gemütes von dannen, der Olive gleich, die vom Baume fällt, wenn sie reif geworden ist, und noch im Sterben die Mutter Erde preist und dem Baume dankt, der sie getragen hat.

Das möchte ich: der Klippe gleichen, an der sich ständig die Wogen brechen; sie aber steht fest, und die ringsum tobende See beginnt sich zu legen! 'Ich Unglücklicher, daß mir das widerfahren mußte!' 'Nicht so, lieber Freund, sondern: Wie glücklich bin ich, daß ich unbekümmert wie zuvor lebe, obwohl mir das zustieß, und weder an der Gegenwart zerbreche noch die Zukunft fürchte. Denn ein Unglück wie dieses konnte jeden treffen, aber nicht jeder wäre dabei in seiner Seele unverwundet geblieben. Warum willst du nicht lieber darin einen beglückenden Erfolg sehen als in dem Ereignis selbst ein Mißgeschick? Kannst du überhaupt etwas als Mißgeschick für einen Menschen bezeichnen, was gar kein Mißerfolg der menschlichen Seele ist? Glaubst du, ein solcher Mißerfolg liege vor, wo gar nichts gegen die Absichten seiner Seele geschieht? Wie? Du kennst doch ihre Absichten! Hindert dich dies 'unglückliche' Ereignis daran, gerecht, hochherzig, beherrscht, verständig, im Urteil besonnen, wahrhaftig, ein sittlich fein empfindender und unabhängiger Charakter zu sein usw., also Tugenden zu haben, mit deren Bewährung die menschliche Natur ihre Bestimmung erfüllt? Denk von nun an bei allem, was dich betrüben will, daran, den Grundsatz zu befolgen: dies ist kein Unglück für mich, wohl aber ist es ein Glück, es mit Würde tragen zu können.'

Es gibt ein einfaches, aber wirksames Mittel, die Todesfurcht zu bannen: immer wieder über die nachzudenken, die zähe am Leben gehangen haben. Was haben sie vor denen voraus, die 'vor der Zeit' gestorben sind? Jedenfalls liegen Männer wie Caedicianus, Fabius, Julianus, Lepidus und ihre Gesinnungsfreunde auch irgendwo unter der Erde; sie gaben vielen das letzte Geleit – dann trug man sie auch hinaus. Der Gewinn an Lebensdauer ist überhaupt unbedeutend, und unter wieviel Qualen, unter was für Menschen und in welch elendem Körper wird er 'erlitten'! Das ist der Mühe nicht wert! Sieh doch die unermeßliche Strecke der hinter dir liegenden Zeit an und die andere Unendlichkeit, die Zukunft! Was hat es angesichts dessen zu bedeuten, ob ein Mensch drei Tage alt wird oder 'dreimal drei Menschenalter sah'?

Geh immer den kurzen Weg. Kurz ist der naturgemäße Weg, der dahin führt, daß du in allem Reden und Tun der gesunden Vernunft folgst. Ein solcher Vorsatz erspart dir Umwege, Hemmungen und allerlei spitzfindige Berechnung.

IV, 51

FÜNFTES BUCH

Wenn du frühmorgens in verdrießlicher Stimmung aufwachst, dann laß dies Wort vor deinen Augen stehen: Ich wache auf, um als Mensch zu wirken. Kann ich noch schlechtgelaunt sein, wenn ich mich anschicke, das zu tun, wozu ich geschaffen und auf die Welt gekommen bin? Oder bin ich dazu bestimmt, im Bett zu liegen und mich zu wärmen? 'Aber das ist doch angenehmer!' Du bist also zu deinem Vergnügen da? Ja, bist du denn überhaupt nur dazu da, Empfindungen zu haben, statt dazu, tätig zu sein? Siehst du nicht, wie selbst die Pflanzen, die Spatzen, die Ameisen, Spinnen und Bienen ihre besonderen Pflichten erfüllen und an ihrem Teile den Kosmos mit aufbauen helfen? Und da willst du deine Pflicht als Mensch nicht tun? Du beeilst dich nicht, deiner Bestimmung entsprechend zu handeln? 'Ja doch, aber man muß sich doch auch einmal ausruhen!' Das muß man, das sage ich auch. Es gab uns jedoch auch darin die Natur ein bestimmtes Maß wie im Essen und Trinken; trotzdem willst du über das Maß, über das, was genug ist, noch hinausgehen? Für dein Schaffen hat das freilich noch keine Gültigkeit; da heißt es: 'soweit es in meinen Kräften steht!' Du liebst dich eben nicht selbst, sonst würdest du auch deine natürliche Veranlagung und ihr Streben lieben. Andere, die ihr Handwerk lieben, reiben sich bei ihrem beruflichen Tun völlig auf, waschen sich nicht, essen nichts. Du hast dagegen von deinem natürlichen Berufe eine geringere Meinung als der Erzgießer von der Erzgießerei, der Tänzer von der Tanzkunst, der Habgierige vom Geld, der Ruhmsüchtige vom Ruhm. Wenn diese Leute vor Schaffenseifer glühen, wollen sie weder essen noch schlafen gehen, ehe sie das nicht gefördert haben, wozu sie ihre Liebe treibt; dir aber scheint die Arbeit für deine Mitmenschen weniger wertvoll und nur geringeren Eifers wert!

Wie leicht ist es doch, jede Vorstellung zu verbannen und auszulöschen, die einem lästig oder unangemessen ist, und gleich wieder völlig beruhigt zu sein!

Fühle dich in Wort und Tat zu allem berufen, was den Gesetzen der Natur entspricht! Laß dich nicht beirren, wenn dich manche nachträglich tadeln oder ins Gerede bringen; nein, du brauchst dich nicht zu schämen, wenn es nur gut ist, daß du so gehandelt oder gesprochen hast. Jene haben eben ihren Kopf für sich und folgen ihren eigenen Neigungen. Kümmere dich nicht darum, sondern geh deinen Weg geradeaus und folge deiner eigenen Berufung und deiner Bestimmung als Mensch! Sie haben beide den gleichen Weg.

Ich gehe meinen Weg nach den Gesetzen der Natur, bis ich zusammenbreche und ausruhen darf, wenn ich meinen letzten Atem in die Luft verhaucht habe, dank der ich täglich Atem holen kann. Dann verfalle ich dem wieder, von dem mein Vater die Kraft der Zeugung, die Mutter das Blut, die Amme die Milch empfing, der Erde, von der ich so viele Jahre hindurch täglich Speise und Trank erhalte, die mich trägt, während ich sie mit Füßen trete und so vielfach mißbrauche.

Geistesschärfe können die Menschen an dir nicht bewundern. Mag sein! Aber es gibt ja noch vieles andere, bei dem du nicht sagen kannst: Das kann ich nicht, denn dazu bin ich nicht geschaffen. Leiste also das, was ganz in deiner Macht steht: sei lauter, achtbar, ausdauernd, über Genußsucht erhaben, mit deinem Schicksal zufrieden, bedürfnislos, wohlwollend, unabhängig im Urteil, schlicht, mit Worten sparsam, großzügig! Merkst du nicht, wie viel du schon hättest leisten können (und dabei gab es keine Entschuldigung, du seist dazu nicht begabt oder geeignet!), und trotzdem bleibst du bewußt unterhalb deiner Leistungsgrenze? Bist du durch den 'Ausfall natürlicher Anlagen' gezwungen, zu murren, kleinlich zu sein, zu schmeicheln, die Schuld auf den Körper zu schieben, vor anderen zu kriechen, dich in Positur zu setzen und deiner Seele soviel Unruhe zu verschaffen? Nein, bei Gott, das bist du nicht! Du könntest vielmehr längst von diesen Untugenden frei sein, allenfalls etwa als zu langsamer und im Begreifen etwas schwerfälliger Mensch befunden werden, wenn dies für dich zutrifft; und wenn es so ist, dann solltest du dem durch Übung abzuhelfen suchen! Übersieh dabei deine langsame Art nicht und hüte dich, für sie gar noch eine Schwäche zu haben!

Der eine rechnet gleich auf eine Gegenleistung, wenn er jemand einen Gefallen getan hat. Der andere neigt zwar nicht dazu, sieht jedoch in seinem Nächsten heimlich den Schuldner und weiß, was er Gutes getan hat. Ein dritter weiß das gewissermaßen gar nicht; er gleicht eher einem Weinstock, der Trauben gebracht hat und nichts weiter will, nachdem er einmal seine Frucht getragen hat, oder einem Pferd nach Beendigung seines Laufes, einem Hunde, wenn er das Wild aufgespürt, einer Biene, wenn sie ihren Honig erzeugt hat. Wenn ein Mensch etwas Gutes getan hat, verlangt er nicht nach Anerkennung oder läßt sich feiern, sondern geht zu einer weiteren guten Tat über, so wie der Weinstock darauf aus ist, zur gegebenen Zeit wieder seine Trauben zu bringen. 'Man soll also zu denen gehören, die das gute Werk gewissermaßen ohne Überlegung tun?' 'Ja.' 'Aber ein Bewußtsein davon muß man doch haben! Denn es gehört nun einmal, wie der Weise sagt, zu einem sozial handelnden Menschen, zu merken, daß er sozial handelt, und, weiß Gott, es zu wollen, daß auch der Nächste etwas davon spürt.' 'Was du sagst, ist richtig, aber du verstehst das, was ich eben sagte, nicht richtig. Deshalb wirst du einer von denen sein, die ich oben erwähnte: denn auch die Vertreter der zweiten Gruppe lassen sich durch einen gewissen Anschein von Logik irreführen. Wenn du aber den eigentlichen Sinn meiner Worte verstehen willst, dann sei unbesorgt: du wirst darüber kein Werk der Menschenliebe versäumen.'

Ein Gebet der Athener lautete: 'Laß es regnen, lieber Zeus, laß es regnen über den Fluren der Athener und ihren Auen!' Man sollte wirklich überhaupt nicht beten oder so: so einfach und freimütig.

So wie man zu sagen pflegt: Der Arzt Asklepios hat diesem Kranken Reiten oder Kaltwaschungen oder Barfußlaufen verordnet, so kann man auch sagen: 'Die Natur hat diesem oder jenem im Rahmen des Ganzen eine Krankheit oder eine Verstümmelung oder sonst einen Verlust oder etwas anderes dergleichen verordnet. Denn dort bedeutet das: 'er hat es verordnet' soviel wie: er hat dies dem Kranken zur Förderung seiner Gesundheit verschrieben. Und hier ist das, was dem einzelnen widerfährt, ihm verordnet, damit das Schicksal des Weltganzen gefördert wird. Denn wir sprechen ja auch in demselben Sinne davon, daß 'es sich für uns so fügt', wie die Baumeister sagen, die Quadersteine in den Mauern oder in den Pyramiden 'fügten sich zueinander', wenn sie in einer bestimmten Anordnung ineinander eingepaßt sind. Es gibt ja doch überhaupt nur eine einzige Harmonie, und wie sich die Gesamtheit der Körper zum Weltall als einheitlichem Weltkörper rundet, so runden sich alle Einzelursachen zur Vorsehung als einheitlicher letzter Ursache. Was ich meine, haben auch die völlig unphilosophischen Naturen im Sinn, wenn sie sagen: 'so war es ihm beschieden.' Es war also jedem sein Schicksal im Rahmen des Ganzen zugedacht und zuerkannt, dem einen dieses, dem anderen jenes. Nehmen wir es also hin, wie jene Mittel, die Asklepios verschreibt. Es sind freilich viele unangenehme darunter, aber wir heißen sie gut in der Hoffnung auf Genesung. Die Vollendung und gesamtheitliche Verwirklichung dessen, was der Schöpfung im ganzen gut erscheint, mußt du dir wie deine eigene Gesundheit vorstellen. Und so begrüße denn alles, was geschieht, auch wenn es dir reichlich hart erscheint, weil es zu jenem Ziele, zur harmonischen Ausgewogenheit, zur Gesundheit des Alls und zur Seligkeit des Weltgottes führt, der so allein die rechten Wege für uns finden kann. Denn er würde einem bestimmten Menschen nichts zustoßen lassen, wenn es nicht zugleich dem Ganzen widerführe und zuträglich wäre. Denn auch im kleinsten Organismus führt die Natur nichts herbei, was nicht zum Segen für ihr Geschöpf ist. Aus zwei Gründen mußt du also das, was dir widerfährt, lieben: einmal, weil es dein Schicksal ist, dir im Rahmen des

Ganzen beschieden war und zu dir in einer besonderen Beziehung steht als eine Verkettung von Ursachen, die bis in die Zeit der Weltschöpfung hinaufführen. Dann aber, weil für den Schöpfer und Gestalter des Weltalls das Einzelschicksal Grundlage seines eigenen vollendeten Daseins, der Verwirklichung seiner Ziele und – Gott weiß es – überhaupt Grundlage seines Bestandes ist. Denn der gesunde Weltorganismus wird verstümmelt, wenn du auch nur an der geringsten Stelle die vielfach ineinander verflochtenen und verschlungenen Fäden zerschneidest (das Gesagte gilt sowohl für die Abschnürung der Einzelorganismen wie die der verursachenden Kräfte). Du zerschneidest sie aber, soweit dir die Macht dazu gegeben ist, wenn du dein Schicksal nicht gutheißt, sondern es in gewissem Sinne aufzuheben suchst.

Sei nicht verdrossen, müde oder verzweifelt, wenn es dir nicht gelingen will, alles nach den als richtig erkannten Grundsätzen durchzuführen, sondern fang wieder von vorn an, wenn du keinen Erfolg gehabt hast, und sei zufrieden, wenn die Mehrzahl deiner Handlungen der Bestimmung des Menschen entspricht, und liebe die Philosophie, auf die du zurückgreifst. Kehre zu ihr nicht wie zu einem gestrengen Pädagogen zurück, sondern wie die Augenkranken zu ihren Heilmitteln, zu Schwamm und Ei, oder wie ein anderer Kranker zu Pflaster oder Wassergüssen. Denn dann wirst du kein Opfer darin sehen, daß du der Vernunft folgen sollst, sondern darin Ruhe und Befriedigung finden. Denk daran, daß die Philosophie ja nur das will, was die in dir waltende Natur will, du aber wolltest etwas anderes, was nicht der Natur entspricht. Wie töricht! Denn was ist beglückender als das, was deiner

Natur gemäß ist? Ist es nicht die Lust, die uns durch den Schein der Beglückung betrügt? Nein, überlege dir, ob Hochherzigkeit, innere Freiheit, Einfachheit, Güte und Frömmigkeit nicht doch mehr locken! Was kannst du Anziehenderes finden als den Verstand, wenn du bedenkst, wie sicher und erfolgreich das Vermögen des Erkennens und Verstehens bei allen Anlässen arbeitet?

Die Dinge sind gewissermaßen so in Dunkel gehüllt, daß sie nicht wenigen Philosophen (und nicht den schlechtesten!) als ganz unerfahrbar erschienen; selbst die Stoiker meinen übrigens, sie seien schwer erkennbar. Tatsächlich ist unsere ganze Urteilsbildung schwankend; denn wo ist der Mann, der keinem Wechsel der Ansichten unterläge? Wende ferner den Blick auf die Gegenstände der Außenwelt selbst! Wie vergänglich und arm an Wert sind sie doch, die ebensogut einem Unzüchtigen, einer Dirne oder einem Räuber gehören können! Beschäftige dich dann einmal mit dem Charakter deiner Mitmenschen; selbst den liebenswürdigsten unter ihnen kann man kaum ertragen, ganz davon zu schweigen, daß mancher kaum mit sich selbst auskommen kann. Ich sehe nicht, was in solcher Finsternis, auf so grundlosem Boden und bei dem ständigen Flusse von Sein und Zeit, von Bewegung und Bewegtem eigentlich noch verdient, besonders gewertet zu werden oder überhaupt praktisch ernst genommen zu werden. Im Gegenteil, man muß sich noch gut zureden, die natürliche Auflösung abzuwarten, und darf nicht murren, wenn sie sich etwas verzögert; man soll sich allein mit folgenden Erkenntnissen zufrieden geben: es wird mir erstens nichts zustoßen, was nicht der natürlichen Ordnung des Weltganzen entspricht; zweitens: es steht mir frei, nichts gegen den Dämon und Gott in meiner

Brust zu tun. Denn es gibt niemand, der mich zwingen könnte, mich an ihm zu versündigen.

Was für einen Gebrauch mache ich eigentlich jetzt von meiner Seele? In jedem Einzelfalle sollte man sich danach fragen und darauf prüfen: Was geht jetzt in diesem Teile von mir vor, den man den herrschenden nennt, und was für eine Seele habe ich zur Zeit? Doch nicht die eines kleinen Kindes, eines unreifen Knaben, eines schwachen Weibes oder die eines Tyrannen, eines Haus- oder Raubtieres?

Welcher Art die Dinge sind, die die Masse für gut hält, kannst du auch dem Folgenden entnehmen. Wenn man sich wirkliche Werte wie Einsicht, Selbstbeherrschung, Gerechtigkeit und Tapferkeit vorstellt, dann kann man sich unmöglich das bekannte Komikerwort hinzugefügt denken von dem Manne, der 'vor lauter Überfülle von guten Sachen nicht wußte, wohin er sich entleeren sollte'; denn das paßt da gar nicht hin. Stellt man sich dagegen die Dinge vor, die der Menge als Güter erscheinen, dann wird man im Geiste das Wort des Komödiendichters hören und sich als treffende Bemerkung gern gefallen lassen. So stellt sich auch die Menge den Unterschied vor. Denn sonst würde sie den Scherz des Komikers in der Anwendung auf wirkliche Werte nicht anstößig und unwürdig finden, während wir ihn alle beim Reichtum und bei Glücksgütern, die zu einem Schlemmerleben und zum Ruhm führen, als witzige und treffende Bemerkung gern hinnehmen. Geh nun einen Schritt weiter und frage, ob man solche Dinge schätzen und für Werte halten soll, bei deren Vorstellung man als treffenden Witz hinzufügen kann, daß ihr Besitzer, 'vor lauter Überfülle nicht weiß, wohin er sich entleeren soll'!

Ich bestehe aus einem verursachenden und einem stofflichen Prinzip. Keines von beiden wird in Nichts vergehen, wie es sich ja auch nicht aus dem Nichts gebildet hat. Jeder Teil von mir wird also auf dem Wege der Umwandlung in einen Teil des Kosmos übergeführt werden und jener wieder in einen anderen Teil des Kosmos übergehen, und so geht es dann weiter bis ins Unendliche. In einer solchen Umwandlung bin ich entstanden und die, denen ich das Leben verdanke, und wenn man das weiterverfolgt, stößt man wieder auf eine Unendlichkeit. Es steht dieser Feststellung die Tatsache nicht im Wege, daß sich der Weltlauf in klar voneinander abgrenzbare Perioden gliedern läßt.

Die Vernunft ist – wie ihre Anwendung in der Praxis – ein Vermögen, das über sich selbst und seine Leistungen hinaus keiner Ergänzung bedarf. Handlungen der Vernunft gehen jedenfalls von einem nur ihnen eigenen Ansatzpunkte aus und bewegen sich geradlinig auf das ihnen vorschwebende Ziel zu. Man nennt solche Handlungen 'richtig', weil sie die gerade Wegrichtung deutlich erkennen lassen.

Der Mensch soll nichts von dem beachten, was ihn in seinem eigentlichen Wesen nicht berührt. Denn die nur an der Peripherie gelegenen Dinge entsprechen in ihrem Dasein weder einer Forderung des Menschen noch sind sie von seiner natürlichen Anlage vorgesehen oder Vollendung und Abschluß der menschlichen Natur. Es liegt also in ihnen auch nicht das dem Menschen gesetzte Ziel und auch nicht die Krönung dieses Endzieles, das Gute. Berührten sie die menschliche Existenz oder wären sie gar wirkliche Werte, dann wäre es uns nicht aufgegeben, sie zu verachten und uns gegen sie aufzulehnen, und der verdiente kein Lob, der sich von ihnen unabhängig macht, oder der wäre gut, der sich in einem von ihnen Beschränkungen auferlegt. Tatsächlich aber ist einer um so viel besser, je mehr er sich diese oder andere ähnliche Dinge versagt oder sich die Entziehung irgendeines solchen 'Gutes' widerspruchslos gefallen läßt.

Deine Seele wird so werden wie die Gedanken, denen du nachhängst; denn von den Gedanken erhält die Seele ihre Färbung. So färbe sie denn durch die ununterbrochene Folge solcher Vorstellungen wie dieser: Wo man leben kann, da kann man auch ein sittliches Leben führen. Man kann auch an einem Kaiserhofe leben; also kann man auch bei Hofe sittlich leben. Laß dir ferner immer wieder durch den Sinn gehen: Es ist alles auf dem Wege zu dem Ziel, für das es geschaffen und auf das es ausgerichtet ist. Wo der Weg endet, dort liegt seine Vollendung. Wo aber die Vollendung ist, dort liegt auch der wahre Nutzen und Wert für alles. Für das vernunftbegabte Lebewesen ist der Wert schlechthin die mitmenschliche Gemeinschaft. Daß wir zur Gemeinschaft geboren sind, ist ja schon lange erwiesen. Oder sind nicht offensichtlich die niederen Lebewesen um der höheren willen, die höheren füreinander da? Es stehen aber über den unbeseelten Wesen als höhere die beseelten, unter den beseelten am höchsten die vernunftbegabten.

Unmöglichem nachzujagen ist Wahnsinn. Unmöglich aber ist es, daß die Schlechten anders als schlecht handeln.

Es geschieht keinem etwas, was er nicht seiner Natur nach zu ertragen vermöchte. Einem anderen widerfährt dasselbe, und er bleibt völlig ruhig und erleidet keinen Schaden, weil er entweder gar nicht merkt, daß es ihm widerfahren ist, oder weil er sich in seiner Charakterstärke zeigen will. Es wäre schlimm, wenn Ahnungslosigkeit und Selbstgefälligkeit stärker wären als die Vernunft!

Die Dinge selbst berühren die Seele in keiner Weise, haben keinen Zugang zu ihr und können sie weder umstimmen noch bewegen. Umstimmen und bewegen kann sie sich nur selbst, und dem, was von außen an sie herantritt, gibt sie erst auf Grund der Bewertung, die sie vor sich verantworten zu können glaubt, seinen Wert.

In einer Beziehung ist der Mensch das uns zunächst stehende Wesen, insofern nämlich, als wir ihm Gutes zu tun und mit ihm auszukommen haben. Soweit mir aber ein Mensch hindernd in den Weg tritt, wenn ich meine Pflichten als Mensch erfüllen will, dann wird er – nicht weniger als Sonne, Wind oder Tier – zu einem der 'sittlich gleichgültigen' Gegenstände. Von diesen kann meine Betätigung zwar erschwert werden, für meine Antriebskraft und meine innere Verfassung bilden sie jedoch grundsätzlich keine Hindernisse, weil ich mich ihren Wirkungen entziehen und die Hemmung in schöpferische Energie umsetzen kann. Denn die Seele vermag sich umzustellen und wandelt jede Behinderung ihrer Tätigkeit in vorwärtsweisende Kraft um, und so kommt das, was eine Leistung zu hemmen drohte, dieser Leistung zugute, und was mich von meinem Wege abbringen wollte, hilft ihn mir bereiten.

Ehre das Stärkste im Weltall! Es ist dies jedoch die Kraft, die alles in ihre Dienste nimmt und alles lenkt. In gleicher Weise ehre aber auch das Stärkste in dir! Es ist dies aber das jener Kraft Wesensverwandte in dir. Denn auch in deiner Seele gibt es eine Kraft, die die anderen in ihre Dienste nimmt, und von ihr wird dein Leben gelenkt.

Was für den Staat nicht schädlich ist, schädigt auch den einzelnen Bürger nicht. Bei jeder Vorstellung eines erlittenen Schadens lege diesen Maßstab an: Wenn der Staat dadurch nicht geschädigt wird, bin ich es auch nicht. Erleidet aber der Staat einen Schaden, dann darfst du dem nicht gram sein, der ihn verschuldet, sondern mußt ihm zeigen, worin sein Fehler liegt.

Denke oft daran, mit welcher rasenden Geschwindigkeit alle Dinge und Ereignisse an uns vorübereilen und unseren Blicken entschwinden! Denn das All ist wie ein Strom in ständigem Flusse, seine Wirksamkeit besteht in fortgesetzter Umwandlung, seine Ursachen sind in tausendfacher Veränderung begriffen. Fast nichts hat Bestand, und die unendliche Weite des Vergangenen und Zukünftigen, in deren Unermeßlichkeit alles aufgeht, liegt in unmittelbarer Nähe. Wie sollte der nicht ein Tor sein, der sich in einer solchen Welt wichtig vorkommt oder sich aus dem Gleichgewicht bringen läßt oder jammert, als fiele ihm etwas noch nach einer gewissen Zeit und auf längere Dauer zur Last!

Denke daran, wie umfassend das Weltall ist, von dem du nur ein winziger Teil bist, wie unendlich die Ewigkeit, von der dir nur ein kurzer, kleiner Abschnitt von Zeitlichkeit zugemessen ist, und an das Weltenschicksal: wie klein ist daneben dein eigenes!

Ein anderer vergeht sich gegen mich? Das hat *er* zu verantworten: er hat seine eigene Gesinnung, und die Tat ist sein. *Ich* habe jedenfalls jetzt das zu tragen, was ich nach dem Willen der Allnatur zur Zeit tragen soll, und tue, was mein Inneres mir jetzt zu tun gebietet.

Der führende und herrschende Teil deiner Seele soll von der sanften oder heftigen Bewegung in deinem Körper keine Erschütterung erleiden und keine Verbindung mit ihm eingehen, sondern sich auf sein Reich zurückziehen und jene Empfindungen auf die Glieder des Leibes beschränkt bleiben lassen. Wenn sie sich aber doch der Seele mitteilen, weil in einem einheitlichen Organismus eines von dem anderen in Mitleidenschaft gezogen wird, dann sollst du nicht gegen die Empfindung, wenn sie natürlich ist, anzukämpfen suchen, wohl aber soll sich der führende Teil hüten, von sich aus die Vorstellung hinzuzufügen, als handle es sich dabei um etwas Gutes oder Böses.

Man soll in der Gemeinschaft der Götter leben. Der aber lebt mit ihnen zusammen, der ihnen stets zeigt, daß seine Seele mit dem zufrieden ist, was ihr zugeteilt wird, und der tut, was der Gott in seiner Brust will, den Zeus wie einen Teil seines Wesens jedem als Führer und Vorsteher gegeben hat. Dieser Gott aber ist die Vernunft des einzelnen, das Geistige in ihm.

Du bist doch wohl einem Menschen mit Schweißgeruch oder übelriechendem Atem nicht böse! Was soll das dir schon ausmachen? Er hat nun einmal einen solchen Mund, solche Achselhöhlen; die unerfreuliche Ausdünstung ist bei Körperteilen von solcher Beschaffenheit zwangsläufig so. 'Aber der Mensch hat Verstand',

sagt man, 'und kann bei einigem Nachdenken begreifen, womit er Anstoß erregt.' Wohl dir, dann hast ja auch du Verstand! Erwecke mit der Kraft deines Geistes seine Anlage zur Vernunft! Mach ihm klar, was ihm fehlt, ermahne ihn! Wenn er nämlich auf dich hört, wirst du ihn heilen können und brauchst nicht mehr böse auf ihn zu sein.
Weder Tragöde noch Dirne!

Du kannst schon hier dein Leben so führen, wie du es dir vielleicht einrichten möchtest, wenn du einmal nicht mehr auf der Erde bist. Wenn es dir die Menschen verwehren, dann gehst du eben wirklich aus dem Leben, aber in der Überzeugung, daß dir damit nichts Schlimmes widerfährt. Wenn es raucht, geht man fort – warum machst du dir die Sache unnötig schwer? Solange mich jedoch nichts dergleichen vertreibt, bleibe ich da als freier Mann, und keiner hindert mich, das zu tun, was ich will. Mein Wille aber entspricht der natürlichen Bestimmung eines vernunftbegabten und auf Gemeinschaft angelegten Wesens.

Der Geist des Weltganzen ist der einer Gemeinschaft. Darum hat die Gottheit die niederen Lebewesen um der höheren willen geschaffen und die höheren gut aufeinander abgestimmt. Du siehst, wie sie unter- und nebenordnend allen Einzelwesen die ihnen gebührende Aufgabe zuwies und die höchsten Wesen zur Eintracht untereinander zusammenführte.

Wie bist du bisher mit den Göttern, den Eltern, den Brüdern, mit Frau und Kindern, Lehrern und Erziehern, Freunden, Verwandten und Sklaven umgegangen? Gilt allen gegenüber bisher von dir das Wort, daß du

'niemand Unrechtes gesagt oder jemals getan
hast?'

Erinnere dich ferner, was du alles durchgemacht hast und wie Schweres zu ertragen du die Kraft hattest! Und daß die Geschichte deines Lebens nun so gut wie abgeschlossen, dein Dienst zu Ende ist. Wieviel Schönes hast du gesehen, wie viele Freuden und Leiden unbeachtet gelassen, wie viele Möglichkeiten, dir einen Namen zu machen, verschmäht, wieviel undankbaren Menschen Gutes getan!

Wie sollen unwissende und ungebildete Menschen einen Mann von Wissen und Bildung beunruhigen können? Welche Seele hat aber nun Wissen und Bildung? Die, die von dem Uranfang und dem Endziel der Welt etwas weiß und von der Vernunft, die alles Sein durchdringt und eine unvorstellbar lange, in bestimmte Abschnitte geteilte Zeit hindurch das Weltall durchwaltet.

Nicht lange mehr, und du bist Asche oder ein Gerippe oder nur noch ein Name oder vielleicht nicht einmal das mehr; der Name aber ist leerer Schall und Widerhall. Die im Leben so hoch bewerteten 'Güter' aber sind wesenlos, brüchig und ohne Bedeutung, sind wie Hunde, die sich herumbeißen, und streitsüchtige Kinder, die in einem Atemzuge lachen und weinen. Treue aber und Ehrfurcht, Gerechtigkeit und Wahrhaftigkeit entflohen 'zum Himmel von der weitstraßigen Erde'. Was hält dich also noch auf der Erde fest, wenn die Dinge der Sinnenwelt in ständiger Veränderung und Wandlung begriffen, die Sinne selbst getrübt und leicht zu täuschen sind, die schwache Seele nur ein aus dem Blute aufsteigender Hauch, unter solchen Menschen in gutem Rufe zu stehen, so ganz belanglos ist? Warum willst du nicht in heiterer Gelassenheit deine Auflösung oder, wenn du so willst, den Übergang in eine andere Welt erwarten. Was aber soll unser Dasein ausfüllen, bis der Augenblick dafür gekommen ist? Nichts anderes, als daß wir die Götter verehren und preisen, den Menschen Gutes tun, mit ihnen nach Möglichkeit auskommen und ihren Umgang gegebenenfalls meiden und nicht vergessen, daß alles, was im engen Bereiche unseres schwachen Leibes und Atems liegt, weder uns gehört noch in unsere Hand gegeben ist.

Du kannst immer glücklich sein, wenn du nur den rechten Weg zu gehen und richtig zu denken und zu handeln weißt. Denn dies beides ist der denkenden Seele der Gottheit und des Menschen und jedes denkenden Wesens gemeinsam: sich von nichts anderem in ihrem Tun Einhalt gebieten zu lassen, ihr Heil in gerechter Gesinnung und Tat zu sehen und alles Streben nur an diesem Ziele enden zu lassen.

Wenn dies weder eine Schlechtigkeit von mir noch eine Auswirkung meiner Schlechtigkeit ist und auch die Allgemeinheit dadurch keinen Schaden erleidet, warum rege ich mich dann eigentlich darüber auf? Welchen Schaden hat denn die Gemeinschaft davon?

Man sollte sich nicht ganz von seinen Vorstellungen gefangennehmen lassen, sondern der Seele nach Kräften und Gebühr zu Hilfe kommen und zum Beispiel einen Nachteil in sittlich gleichgültigen Dingen nicht für einen Verlust halten. Denn das ist eine schlechte Angewohnheit. Sondern wie sich der Greis beim Weggange von seinem Pflegekinde einen Kreisel geben ließ, obwohl er wußte, daß es nur ein Kreisel war, so mußt auch du hierbei verfahren. Denn du wirst..., wenn du auf der Rednerbühne rufst: 'Mensch, hast du vergessen, was es damit für eine Bewandtnis hatte?' 'Ja, aber darum bemühen sich doch die Menschen so sehr!' 'Mußt auch du deshalb ein Tor werden?'

Ich war einmal, wo immer man mich antraf, ein glücklicher Mensch. Glücklich sein aber heißt, daß du dir selbst ein gutes Schicksal sicherst. Gute Schicksale aber sind Gutartigkeit der Seele, gute Neigungen und gute Handlungen.

V, 36

SECHSTES BUCH

Die Substanz des Weltganzen ist elastisch und wandlungsfähig. Die Vernunft, die sie durchdringt, hat in sich keine Veranlassung, Böses zu tun. Denn Böswilligkeit liegt ihr fern, und so tut sie nichts Böses, und es erleidet nichts durch sie Schaden. Alles aber geschieht und vollendet sich nach ihrem Gebot.

Wenn du deine Pflicht zu erfüllen hast, muß es dir gleichgültig sein, ob du dabei vor Kälte starrst oder dir glühend heiß ist, ob dich der Schlaf übermannen will oder du genug geschlafen hast, ob man schlecht oder gut von dir redet, ob du im Sterben liegst oder etwas anderes vorhast. Auch das Sterben ist übrigens eine der Aufgaben, die dir das Leben stellt. Es ist also angebracht, daß du auch die dir mit ihm zugewiesene Aufgabe gut erfüllst.

Sieh auf das Innere! Übersieh bei keinem Gegenstand seine besondere Beschaffenheit und seinen Wert!

Alle sichtbaren Gegenstände werden sich sehr rasch umformen und entweder in Rauch aufgehen, wenn die Einheit der Substanz erhalten bleibt, oder sich in ihre Atome auflösen.

Die das All gestaltende Vernunft weiß, unter welchen Bedingungen sie handelt, was sie tut und an welchem Stoffe sie wirkt.

Die beste Art, sich an jemand zu rächen, ist die, nicht Gleiches mit Gleichem zu vergelten.

In dem einen finde ich Freude und Befriedigung: gottesfürchtig von einer Tat der Menschenliebe zur anderen zu schreiten.

Der führende Teil der Seele ist der, der sich selbst erweckt und wandelt und das aus sich macht, was er will, und es dahin bringt, daß ihm alles Geschehen so erscheint, wie er es will.

Es wird alles nach der natürlichen Ordnung des Weltganzen vollzogen, nicht etwa von irgendeiner anderen 'Natur' bestimmt, die die Dinge äußerlich umschlösse oder ihnen innewohnte oder außerhalb von ihnen und von ihnen getrennt wäre.

Entweder ist die Welt ein zufälliges Gemisch, und zwar eine Verflechtung und Entflechtung von Atomen, oder sie ist Einheit und Ordnung und das Werk einer Vorsehung. Ist das erstere zutreffend, dann verstehe ich nicht, warum ich danach verlange, in einem solchen planlosen Gewirr und Durcheinander noch länger zu verweilen. Wie könnte mir dann schon an etwas anderem liegen als daran, dereinst wieder zu Erde zu werden? Wozu die Aufregung? Ich kann tun, was ich will: die Auflösung wird ja doch über mich kommen! Ist aber das andere der Fall, dann verehre ich den Lenker der Welt, vertraue auf ihn und bin getrosten Mutes.

Wenn du einmal unter dem Zwang der Umstände irgendwie deine Fassung zu verlieren drohst, dann zieh dich schnell in dich selbst zurück und laß dich nicht mehr, als unvermeidlich ist, aus deiner Bahn bringen! Dadurch, daß du immer wieder zu einer ausgeglichenen Seelenhaltung zurückzukehren suchst, wirst du nämlich in zunehmendem Maße Herr über sie.

Wenn du zugleich eine Stiefmutter und eine Mutter hättest, würdest du jener Achtung entgegenbringen, aber doch immer wieder zu deiner leiblichen Mutter zurückkehren. Das gleiche Verhältnis besteht für dich zwischen dem Hofleben und der Philosophie. Kehre daher zu dieser zurück, so oft du kannst, und suche Trost bei ihr! Sie läßt dir das Leben am Hofe erträglich erscheinen, und auch du wirst dort mit ihrer Hilfe erträglich wirken.

So, wie wir uns bei Fleischgerichten und ähnlichen Speisen zum Bewußtsein bringen: das ist ein toter Fisch, dies der Leichnam eines Vogels oder eines Schweines, ebenso beim Falernerwein: das ist nur Traubensaft, und beim Purpurgewand: es ist nur Schafwolle, die in das Blut einer Muschel getaucht ist, bei den Vorgängen des Geschlechtsverkehrs: er besteht lediglich in der Reibung an einer Schleimhaut und der unter Zuckungen erfolgenden Ausstoßung einer schleimartigen Flüssigkeit (so sehen nämlich die Vorstellungen aus, die die Gegenstände treffen und ihr Wesen wirklich erfassen, so daß man sieht, was eigentlich an ihnen ist) – genauso muß man das ganze Leben lang verfahren und da, wo man sich die Dinge zu vertrauenswürdig vorzustellen geneigt ist, sie ihres Scheines entkleiden, sich ihren geringen Wert vor Augen führen und ihnen den Geltungsanspruch, auf den sie stolz sind, aberkennen. Denn der Schein ist ein schlimmer Betrüger, und gerade dann, wenn du bestimmt glaubst, es mit ernsthaften Dingen zu tun zu haben, wirst du am meisten betrogen. Denk daran, was Krates gerade von Xenokrates sagt!

Die meisten Dinge, die die Masse bewundert, gehören zu dem Alltäglichsten: es sind stoffliche Dinge, die ihre Gegenständlichkeit ihrem inneren Aufbau oder einer in ihnen wirkenden natürlichen Kraft verdanken, wie Steine, Holzarten, Feigenbäume, Weinstöcke, Ölbäume. Menschen von etwas höherem Niveau lieben beseelte Dinge wie Rinder- und Schafherden, noch etwas besser geartete lieben Wesen, die von einer vernünftigen Seele geformt sind; sie denken dabei freilich noch nicht an die Seele im vollen Sinne des Wortes, sondern nur an eine seelische Kraft, die zu sinnvoller Tätigkeit oder sonstwie zu brauchbarer Arbeitsleistung befähigt, oder ganz schlicht gesagt: sie legen Wert auf den Besitz vieler Sklaven. Wer dagegen die vernunfterfüllte und auf Gemeinschaft angelegte Seele an sich liebt, der kümmert sich nicht mehr um die anderen Dinge, sondern sucht vor allem seine eigene Seele in vernunftgemäßer und auf Menschenliebe gerichteter Verfassung und Tätigkeit zu erhalten und arbeitet zur Erreichung dieses Zieles mit all denen zusammen, die ihm wesensverwandt sind.

Unaufhörlich eilt das eine seiner Entstehung, das andere seinem Ende zu, und manches, was entsteht, ist zum Teil schon wieder vergangen: ein ewiges Fluten und Sichwandeln erneuert unaufhörlich die Welt, so wie der nie versiegende Strom der Zeit die grenzenlose Ewigkeit immer wieder verjüngt. Was wollte man inmitten dieses Stromes, der uns keinen festen Fuß zu fassen erlaubt, von den an uns vorübereilenden Dingen besonders schätzen? Das wäre ja gerade so, als verliebte sich jemand in einen der vorüberfliegenden Sperlinge, der im gleichen Augenblick seinem Blick schon wieder entschwunden ist! Auch das Leben eines jeden von uns ist ja selbst kaum mehr als ein zarter Hauch, der aus dem Blute aufsteigt, und das Einatmen von Luft. Wenn du dein ganzes Atmungsvermögen, das du gestern oder vorgestern mit deiner Geburt erwarbst, wieder dorthin zurückgibst, woher du den ersten Atem holtest, dann ist das im Grunde nichts anderes, als wenn du einmal die Luft einatmest und wieder ausstößt, was wir ja jeden Augenblick tun.

Weder das Verströmen von Duft, wie wir es von den Pflanzen kennen, ist wertvoll noch das Atmen, das wir mit den Haus- und Raubtieren gemeinsam haben, noch der Empfang von Sinneseindrücken oder die Muskelbewegung bei Triebhandlungen noch die Herdenbildung noch die Nahrungsaufnahme; denn das ist nichts anderes als z. B. das Ausscheiden der Rückstände unserer Nahrung. Was hat also Wert? Daß man uns Beifall klatscht? Nein. Also auch nicht der von menschlichen Zungen gespendete Beifall; denn die anerkennenden Worte der Menge sind doch auch nur ein Lippenbekenntnis. Du hast daher auch auf das bißchen Ruhm verzichtet. Was bleibt dann überhaupt noch als Wert übrig? Sich der eigenen Veranlagung entsprechend zu betätigen und im übrigen zu verzichten, glaube ich; diesem Ziele strebt wie alle planvolle Tätigkeit ja auch das handwerkliche Tun zu. Denn jede handwerkliche Fertigkeit geht darauf aus, daß ihr Erzeugnis sich zu dem gedachten Verwendungszweck eignet. Der Winzer, der den Weinstock betreut, der Rossebändiger und der Hundezüchter – sie erstreben alle kein anderes Ziel. Wonach streben Erziehung und Unterricht sonst? Hier also liegt der Wert einer Sache. Steht es damit gut, dann wirst du nichts anderes zu erringen suchen. Willst du nicht endlich aufhören, auch noch vieles andere hochzuschätzen? Du wirst sonst weder frei sein noch auf eigenen Füßen oder über den Leidenschaften stehen. Denn da mußt du Neid und Eifersucht empfinden, diejenigen mit Argwohn betrachten, die dir jene 'Güter' wegnehmen können, und die von dir geschätzten 'Werte' denen abzuringen suchen, die sie besitzen. Wenn man auf eines dieser vermeintlichen Güter angewiesen ist, muß man innerlich überhaupt ganz durcheinander sein und den Göttern obendrein noch viele Vorwürfe machen. Hast du dagegen Ehrfurcht vor der Vernunft in deiner Seele und die rechte Vorstellung von ihrem Wert, dann wirst du mit dir selbst zufrieden, in Eintracht mit deinen Mitmenschen und im Einklang mit den Göttern leben können, das heißt: du wirst alles, was jene dir zugedacht haben und zuteilen, gutheißen.

Auf und nieder und im Kreise bewegen sich die Elemente. Die Betätigung der Tugend aber folgt keiner der angegebenen Bewegungen, sondern ist etwas Göttlicheres und schreitet auf einem schwer zu ergründenden Wege zum beglückenden Ziel.

Wie töricht ist doch das Tun und Treiben der Menschen! Sie sind nicht gewillt, von den Menschen, die zur gleichen Zeit und in ihrer Mitte leben, gut zu sprechen, aber in der Anerkennung der Nachfahren, die sie nie zu Gesicht bekamen und bekommen werden, sehen sie einen großen Wert. Das ist fast so, als gerietest du darüber in Trauer, daß nicht auch schon die Vorfahren rühmend von dir gesprochen haben.

Du darfst nicht meinen, eine Aufgabe, die du nur schwer bewältigen kannst, sei menschenunmöglich, sondern sollst umgekehrt glauben, daß, wenn etwas einem Menschen möglich und angemessen ist, es auch dir erreichbar ist.

Auf den Sportplätzen ist es wohl schon vorgekommen, daß uns einer mit seinem Nagel kratzte und, mit dem Kopfe vorprellend, uns einen Stoß versetzte; aber wir lassen uns da weder etwas merken noch sind wir verärgert oder begegnen dem Kameraden in Zukunft so, als wäre er ein wirklicher Gegner. Freilich nehmen wir uns in acht, aber nicht wie vor einem Feinde und nicht voller Argwohn, sondern indem wir ihm ein andermal geschickt ausweichen. So sollen wir es auch in den übrigen Bereichen des Lebens halten und über vieles bei unseren Kampfgenossen (um im Bilde zu bleiben!) hinwegsehen. Man kann ja, wie gesagt, ausweichen und braucht nicht argwöhnisch zu sein oder einander gram.

Wenn mich jemand widerlegen und davon überzeugen kann, daß mein Denken oder Tun nicht richtig ist, dann werde ich meinen Standpunkt mit Freuden ändern. Denn ich suche die Wahrheit, die noch nie einem Menschen geschadet hat; Schaden erleidet nur der, der bei seinem Irrtum und Unverstand bleibt.

Ich aber tue meine Pflicht, das andere kümmert mich nicht. Denn das sind entweder unbeseelte Dinge oder vernunftlose oder irrende Wesen, die den Weg nicht wissen.

VI, 19–22

Behandle die vernunftlosen Wesen und überhaupt Dinge und Gegenstände ohne Vernunft, wie es sich für einen vernünftigen Menschen gehört, mit edlem Großmut, deine Mitmenschen, die doch auch vernunftbegabte Wesen sind, wie deinesgleichen! Bei allem aber rufe die Götter um Beistand an und quäle dich nicht mit der Frage: Wie lange werde ich noch so handeln dürfen? Denn selbst drei Stunden der Bewährung sind ausreichend.

Alexander von Mazedonien und seinen Stallknecht hat nach ihrem Tode das gleiche Los ereilt: denn entweder wurden sie in den gleichen schöpferischen Urgrund des Kosmos wieder aufgenommen, aus dem sie gekommen waren, oder sie wurden, einer wie der andere, unter die Atome zerstreut.

Mach dir klar, wie viele körperliche und seelische Vorgänge zugleich im selben kurzen Augenblick in jedem von uns stattfinden! Dann wirst du dich nicht wundern, wenn sich noch viel mehr, richtiger: wenn sich alles, was in dem All-einen, das wir Kosmos nennen, geschieht, zur gleichen Zeit ereignet.

Wenn dir jemand die Frage vorlegt, wie der Name Antoninus geschrieben wird, dann wirst du doch nicht mit ungeduldiger Stimme jeden Buchstaben einzeln laut hervorstoßen! Wie verhältst du dich nun, wenn du es doch so gemacht hast und die Menschen darüber böse sind? Du wirst ihnen doch nicht wieder zürnen? Wirst du nicht lieber jeden einzelnen Buchstaben der Reihe nach in sachlicher Ruhe aufzählen? So denke denn auch jetzt daran, daß sich jede pflichtgemäße Handlung aus einer Reihe von Einzelhandlungen zusammensetzt. Auf diese mußt du achten und die vorliegende Aufgabe nach einem einheitlichen Plane durchführen, ohne die Ruhe zu verlieren oder über die unwillig zu sein, die mit dir nicht einverstanden sind.

Wie unbillig ist es doch, den Menschen nicht zu gestatten, sich das vorzunehmen, was ihnen wesensgemäß und vorteilhaft erscheint! Und doch erlaubst du ihnen in gewissem Sinne nicht, so zu handeln, wenn du über ihre Fehler ungehalten bist. Denn 'es' treibt sie unweigerlich zu ihren Fehlern, als wären sie das ihnen Wesensgemäße und Dienliche. 'Aber das ist ja in Wahrheit gar nicht der Fall!' Nun, dann kläre sie auf und zeige es ihnen, ohne über sie ungehalten zu sein!

Der Tod ist das Erlöschen der sinnlichen Wahrnehmung, das Ausruhen von der zwingenden Macht der Triebe, der quälenden Denkarbeit und der Herrschaft des Fleisches.

Es ist eine Schande, daß deine Seele schon des Lebens müde ist, dem dein Körper noch nicht entsagen will.

Hüte dich vor dem Cäsarentum und der Gefahr, von seinen Untugenden angesteckt zu werden; denn die Gefahr besteht. Bleibe daher ein einfacher und guter Mensch, ehrlich, anständig und schlicht, ein Freund der Gerechtigkeit, gottesfürchtig, wohlwollend, voller Liebe zu den Deinen und aufopfernd in der Erfüllung deiner Pflichten! Kämpfe darum, so zu bleiben, wie dich die Philosophie haben wollte! Ehre die Götter, fördere die Menschen! Kurz ist das Leben; es gibt nur eine Frucht unseres Erdendaseins: fromme Gesinnung und Taten der Menschenliebe. Sei in allem ein Schüler des Antoninus, so beharrlich wie er in der Durchführung wohlüberlegter Entschlüsse, so ausgeglichen in jeder Lebenslage, so gottesfürchtig, so heiterer Miene, freundlich und frei von Dünkel, so eifrig darauf bedacht, die Dinge richtig zu erfassen. Er legte grundsätzlich nichts beiseite, ehe er es nicht sehr genau betrachtet und klar erfaßt hatte. Wie gelassen ertrug er den ungerechten Tadel seiner Kritiker, statt Gleiches mit Gleichem zu vergelten! An keine Aufgabe ging er in Hast heran, Verleumdungen schenkte er kein Gehör. Wie genau prüfte er Gesinnung und Handlungsweise, frei von Kritiksucht, von Angst und Argwohn, frei von Rechthaberei! Wie bescheiden war er in seinen Ansprüchen an Wohnung, Lagerstätte, Kleidung, Nahrung und Bedienung! Wie arbeitsfreudig und zähe konnte er sein! Dank seiner einfachen Lebensweise war er in der Lage, an derselben Stelle bis zum Abend auszuhalten: sein Körper verlangte außerhalb der gewohnten Zeit nicht nach der Befriedigung seiner Bedürfnisse. Wie charakterfest und treu war er in seinen Freundschaften! Er ließ es sich durchaus gefallen, wenn andere seinen Ansichten mit Freimut entgegentraten, und freute sich, wenn ihn jemand eines Besseren belehrte. Wie gottesfürchtig war er und dabei fern von allem Aberglauben! Strebe ihm nach, damit du ein ebenso reines Gewissen haben kannst wie er, wenn deine letzte Stunde kommt!

Wach auf und komm wieder zu dir! Und wenn du den Schlaf ganz abgeschüttelt hast und merkst, daß es Träume waren, die dich bedrängten, dann sieh – zum zweiten Male wachgeworden – das irdische Geschehen mit denselben Augen an, mit denen du jene Sorgen als Träume erkanntest!

Ich bestehe aus Leib und Seele. Für den Leib ist alles ohne sittliche Bedeutung, weil er kein Unterscheidungsvermögen hat. Für die Seele ist alles ohne sittlichen Belang, soweit es nicht ihre eigene Betätigung ist. Was aber in ihren Wirkungsbereich fällt, das steht auch alles in ihrer Macht. Sie hat es jedoch nur mit der Gegenwart zu tun; ihre zukünftigen und früheren Tätigkeiten sind für sie gleichfalls ohne moralische Bedeutung.

Solange der Fuß die Aufgabe des Fußes und die Hand die ihr eigene erfüllt, widerspricht die mühevolle Arbeitsleistung von Hand und Fuß nicht der Natur. So ist nun auch die Mühsal für den Menschen als solchen nicht wider die Natur, solange er dabei die Pflichten als Mensch erfüllt. Ist die Mühsal aber nicht wider seine Natur, dann ist sie auch kein Übel für ihn.

Welche entsetzlichen Sinnesfreuden haben Räuber, Lüstlinge, Vatermörder und Tyrannen genossen!

Siehst du nicht, wie sich die Meister des Kunsthandwerkes bis zu einem gewissen Grade dem Laiengeschmack anpassen, trotzdem aber an den Erfordernissen ihrer Kunst festhalten und kein Abweichen von ihr dulden? Ist es nicht schlimm, wenn Baumeister und Arzt vor dem Gesetz ihres beruflichen Wirkens mehr Achtung haben als der Mensch vor dem Gesetz seiner eigenen Existenz, das er doch mit den Göttern gemein hat?

Asien, Europa – zwei bescheidene Winkel im Weltall! Das ganze Meer: ein Tropfen im All. Der Athos: ein Körnchen im Kosmos. Die ganze Gegenwart: ein Augenblick in der Ewigkeit; alles ist klein, veränderlich, geht in ihr auf. Alles kommt von dort und hat seinen Ursprung entweder unmittelbar in der Allvernunft oder läuft nach ihren Gesetzen ab. Also sind auch der Rachen des Löwen und das Gift und alles Schädliche wie Dornen oder Morast Auswirkung und Folgeerscheinung der erhabenen Herrlichkeit der Allvernunft. Glaube daher nicht, daß sie dem Wesen, das du verehrst, fremd sind, sondern bedenke, daß dieses Wesen die Quelle alles Geschehens ist!

Wer die Gegenwart sieht, hat alles gesehen, was sich seit Ewigkeiten ereignet hat und auf unendliche Zeit ereignen wird; denn es ist alles an Art und Wesen einander gleich.

Denk immer wieder an die innere Verbundenheit aller Dinge im Weltall und die Wechselwirkungen, in denen sie zueinander stehen! Denn in gewisser Weise ist alles miteinander verflochten und dementsprechend miteinander vertraut. Es geht ja dank der auf Spannung beruhenden Bewegung, der Einheit des Ganzen und der Einheitlichkeit der Substanz eines aus dem anderen hervor.

Schick dich in die Verhältnisse, mit denen du durch das Schicksal verkettet bist, und liebe die Menschen, mit denen dich das Schicksal zusammengeführt hat, aber tu es von ganzem Herzen!

Jedes Instrument, Werkzeug oder Gerät ist in Ordnung, wenn es seinen Zweck erfüllt, und wenn es ihn erfüllt, ist der Hersteller dabei überflüssig. Bei den Dingen aber, die von der schöpferischen Kraft der Natur zusammengehalten werden, ist und bleibt diese

Kraft im Inneren lebendig. Deshalb mußt du vor ihr auch mehr Ehrfurcht haben und überzeugt sein, daß dir alles nach deinem Sinn geht, wenn du ihren Willen in den Deinen aufnimmst und bei dieser Haltung bleibst. In dieser Weise gehen auch dem Weltganzen seine Dinge nach seinem Sinn.

Wenn du freilich in irgendeinem Gegenstand, der außerhalb des Bereichs deines Willens liegt, etwas Gutes oder Böses siehst, dann mußt du natürlich beim Eintritt eines solchen Bösen oder dem Verlust eines solchen Guten den Göttern Vorwürfe machen und die Menschen hassen, die entweder daran schuld sind oder nach deiner Vermutung an dem Verlust oder Verhängnis schuld sein könnten, und wir tun tatsächlich viel Unrecht, weil wir diesen Dingen Beachtung schenken. Wenn wir aber nur das, was in unserer Macht steht, als 'gut' und 'böse' ansehen, dann besteht keine Veranlassung mehr, Gott Vorwürfe zu machen oder sich gegen einen Menschen feindlich einzustellen.

Wir alle wirken zu einem einzigen Ergebnis zusammen, die einen mit Bewußtsein und Verständnis, die anderen unbewußt, wie ja, glaube ich, Heraklit auch die Schlafenden Schaffende und Mitarbeiter an dem Geschehen im Weltall nennt. Jeder arbeitet in einer anderen Weise mit, überflüssigerweise, möchte man meinen, sogar der Mensch, der mit dem, was geschieht, unzufrieden ist, dagegen anzukämpfen sucht und es am liebsten ungeschehen machen möchte; doch auch eines solchen Menschentyps bedurfte die Welt. So überlege dir denn, auf welche Seite du dich stellen willst! Denn der Weltbeherrscher wird dich zwar unter allen Umständen gut verwenden und in den Kreis seiner Mitarbeiter und Helfer aufnehmen; du solltest dich aber doch hüten, ein so klägliches Stück des Ganzen zu werden wie der 'inhaltsleere und lächerliche Komikervers', von dem Chrysipp spricht.

Beansprucht die Sonne etwa, die Aufgaben des Regens zu erfüllen, verlangt Asklepios nach den Aufgaben der 'Fruchtbringerin'? Sieh dir einmal die einzelnen Gestirne an: sind sie nicht voneinander ganz verschieden und wirken doch zu demselben Ziele zusammen?

Wenn die Götter über mich und über das, was mir widerfahren soll, einen Beschluß gefaßt haben, dann haben sie sicher einen guten gefaßt; denn man kann sich einen unüberlegt handelnden Gott schwerlich auch nur in Gedanken vorstellen. Aus welchem Grunde sollten mir auch die Götter Böses tun wollen? Was für einen Vorteil hätten sie selbst oder das Weltall, für das sie ja vor allem sorgen, davon? Wenn sie aber über mich persönlich nichts beschlossen haben, dann haben sie doch sicher über das Weltall Bestimmungen getroffen, und ich muß auch mein sich daraus ergebendes Schicksal gutheißen und lieben. Fassen sie aber über gar nichts Beschlüsse – es ist gottlos, so etwas zu glauben; dann laß uns nicht mehr opfern oder beten, schwören oder die anderen heiligen Handlungen vollziehen, die wir doch alle in dem Glauben vornehmen, daß es Götter gibt und daß sie mit uns in einer Gemeinschaft leben – sollten sie sich also über nichts von dem, was uns betrifft, schlüssig werden, dann habe ich es ja in der Hand, mir selbst in eigener Angelegenheit zu raten, und kann mir selbst Gedanken darüber machen, was mir zuträglich ist. Zuträglich aber ist für jeden, was seiner natürlichen Bestimmung entspricht. Meine Be-

stimmung aber ist es, ein Mensch zu sein, der seine Vernunft zu gebrauchen weiß und die Gesetze der Gemeinschaft achtet.
Vaterstadt und Heimat ist für mich als Antoninus Rom, für mich als Menschen das Weltall, und nur das, was diesen Staaten zuträglich ist, ist gut für mich.

Was jedem einzelnen von uns widerfährt, das dient dem Ganzen. Das müßte schon genügen. Aber du wirst bei genauer Betrachtung auch das noch in der Regel bestätigt finden: was dem einen Menschen nützlich ist, nützt auch anderen Menschen (wobei das Wort 'nützlich' hier in weiterem Sinne auf die sittlich belanglosen 'mittleren Dinge' zu beziehen ist).

Wie dir die Darbietungen im Amphitheater und in anderen solchen Vergnügungsstätten widerstehen, da du immer nur das gleiche zu sehen bekommst und die Gleichförmigkeit dir das Zuschauen verleidet, so ist auch der Eindruck, den du von dem Leben als Ganzem empfängst. Denn alles ist in allem Auf und Nieder doch nur ein und dasselbe und hat den gleichen Ursprung. Wie lange wirst du das noch mit ansehen?

Bedenke immer, wie viele Menschen aus allen möglichen Ständen, Berufsarten und Völkern der Tod ereilt hat, und geh in der Liste der Toten so bis zu Philistion, Phöbus und Origanion herunter. Geh dann zu den anderen 'Geschlechtern der Toten' über: wir müssen uns ja auch in jene andere Welt versetzen, in der so viele eindrucksvolle Redner, so viele würdige Philosophen, in der Heraklit, Pythagoras und Sokrates, so viele Heroen der Vorzeit, so viele Heerführer und Tyrannen aus späterer Zeit weilen, dazu noch Männer wie Eudoxus, Hipparchus und Archimedes und andere scharfsinnige, nach Höherem strebende, arbeitsfreudige, vielseitig begabte und stolze Naturen, selbst Menippus und die anderen seines Schlages, die über die Vergänglichkeit und Kürze des menschlichen Lebens gespottet haben. Bedenke, daß sie alle längst unter der Erde liegen! Was haben sie dabei auszustehen, geschweige denn Leute, die nicht einmal dem Namen nach bekannt sind? Nur das eine ist da wertvoll: das ganze Leben hindurch wahrhaft, gerecht und selbst gegen Lügner und böse Menschen freundlich zu sein.

Wenn du dir eine rechte Freude machen willst, dann vergegenwärtige dir die Vorzüge deiner Mitmenschen, z. B. die Tatkraft des einen, die Bescheidenheit des anderen, die Freigebigkeit eines dritten, bei einem anderen wieder eine andere Tugend. Denn nichts beglückt uns so wie die gleichnishafte Darstellung der Tugenden in den Charakteren unserer Mitmenschen und ihre möglichst vollständige Zusammenstellung. Das ist der Grund, weshalb man sich die Vorzüge seiner Mitmenschen zum Bewußtsein bringen soll.

Du kränkst dich hoffentlich nicht darüber, daß du nicht dreihundert Pfund wiegst, sondern nur soundsoviel. Dann wirst du dich auch nicht darüber grämen, daß du nur noch eine bestimmte Zahl von Jahren leben darfst und nicht mehr. Denn wie du mit dem zufrieden bist, was dir an Körperfülle beschieden ist, so sei es auch mit der dir zugemessenen Zeit!

Versuche, die Menschen durch gütliches Zureden zu gewinnen, handele aber auch gegen ihren Willen, wenn es die Gerechtigkeit so erfordert! Wenn sich dir aber einer mit Gewalt widersetzt, dann wende dich etwas Ersprießlichem zu, was dir keinen Verdruß verursacht, und gebrauche die gestaute Kraft zur Verwirklichung einer anderen Tugend. Vergiß auch nicht, daß du ja nur unter Vorbehalt zum Handeln ansetztest, auch nicht nach dem Unmöglichen strebtest. Wonach strebtest du also? Eben danach, nur einen solchen Anlauf zu nehmen. Das ist dir gelungen; alles wird Wirklichkeit, wozu wir einen echten inneren Antrieb verspüren.

Wer Ruhm zu erlangen sucht, sieht in der Tätigkeit anderer das eigene Glück, der Sinnenfrohe in der eigenen Reizempfindlichkeit, der Verständige im eigenen Tun.

Du hast es in der Hand, dir über das und jenes kein Urteil zu bilden und deiner Seele dadurch eine Belästigung zu ersparen. Denn den Dingen selbst ist nicht die Kraft gegeben, unsere Beurteilung zu erzwingen.

Gewöhne dich daran, ganz bei der Sache zu sein, wenn du jemand zuhörst, und versetze dich nach Möglichkeit in die Seele des Redenden!

Was dem Bienenschwarm nicht zuträglich ist, nützt auch der einzelnen Biene nichts.

Wenn mich als Steuermann die Matrosen oder als Arzt die Kranken schmähten, würde ich da auf irgend etwas anderes achten als darauf, wie ich selbst der Besatzung die Rettung oder den Kranken die Gesundheit verschaffen könnte?

Wie viele von denen, mit denen ich auf die Welt kam, sind schon dahingegangen!

Gelbsüchtigen schmeckt der Honig bitter, dem Tollwütigen ist das Wasser schrecklich unangenehm, Kindern ist ihr Ball das Liebste. Weshalb rege ich mich darüber auf? Oder meinst du, daß der Irrtum weniger Kraft hat als die Galle beim Gelbsüchtigen, das Gift beim Tollwütigen?

Niemand wird dich hindern, nach dem Gesetz deiner Natur zu leben; nichts wird dir widerfahren, was dem Gesetz der Allnatur widerstreitet.

Wie armselig sind doch die Menschen, denen so mancher gefallen möchte! Wie gering ist der Ertrag, um den sie sich mühen, wie unerfreulich sind die Handlungen, durch die sie ihr Ziel erreichen wollen! Ach, wie so bald wird die Zeit alles verhüllen und wie vieles hat sie bereits verhüllt!

VI, 57–59

SIEBENTES BUCH

Was ist Schlechtigkeit? Etwas, was du schon so oft zu sehen bekamst. Bei allem, was dir widerfährt, solltest du dir vor Augen halten: das habe ich schon oft gesehen! Du wirst überhaupt finden, daß bei allem Auf und Nieder es doch immer die gleichen Ereignisse sind, von denen die Geschichte der alten, mittleren und neuen Zeit erfüllt ist, und mit denen zur Zeit die Städte und Häuser vollauf beschäftigt sind. Es gibt nichts Neues; es ist alles altvertraut und kurz an Dauer.

Wie könnten deine Grundsätze anders ertötet werden als dadurch, daß sich die ihnen entsprechenden gedanklichen Vorstellungen in nichts auflösen! Es liegt aber in deiner Macht, sie beständig wiederzubeleben. Ich kann mir von dem, was nottut, ein zureichendes Urteil bilden; kann ich das, dann brauche ich mich nicht zu beunruhigen. Was außerhalb meines Denkens liegt, hat überhaupt keine Beziehung zu meiner Seele. Begreife das, und du bist gerettet. Du *kannst* wiederaufleben. Sieh die Dinge wieder so, wie du sie früher sahst; darin liegt das Wiederaufleben.

Viel leerer Aufwand für feierliche Umzüge: viel Lärm um nichts; Dramen auf der Bühne, Herden von Groß-

und Kleinvieh, Lanzenwettkämpfe, ein Knochen, unter die Hunde –, ein Brocken, in Fischbehälter geworfen, die mühselige Plackerei von Ameisen, das Hin und Her aufgeschreckter Mäuse, Marionetten, an Drähten gezogen – in solcher Umgebung mußt du freundlich und ohne Überheblichkeit deinen Platz ausfüllen und dabei immer daran denken, daß jeder doch nur so viel wert ist wie das Ziel seines Strebens.

Man muß dem Gesagten Wort für Wort nachgehen und bei allem, was geschieht, die treibende Kraft suchen und dabei gleich darauf achten, welchem Ziele die Antriebsenergie zustrebt, bei dem Gesagten aufpassen, was der Sinn der Rede ist.

Reicht mein Verstand aus, diese Aufgabe zu erfüllen, oder nicht? Reicht er aus, dann gebrauche ich ihn dazu wie ein Werkzeug, das mir die Allnatur verlieh; reicht er aber nicht aus, dann überlasse ich die Aufgabe dem, der sie besser lösen kann; oder aber ich verrichte die Arbeit, wenn sie einem anderen (allein) nicht zukommt, so gut ich kann, unter Zuhilfenahme dessen, der in der Lage ist, unter Verwendung meiner Gedanken das zu verwirklichen, was der Gemeinschaft im Augenblick zuträglich und förderlich ist. Denn alles, was ich aus eigener Kraft oder mit einem anderen zusammen schaffe, soll ausschließlich auf das eine Ziel gerichtet sein: das Gedeihen und den Wohlstand der Gemeinschaft.

Wie viele, die man in den Himmel hob, sind bereits der Vergessenheit anheimgefallen! Wie viele, die ihnen das Loblied sangen, sind längst nicht mehr!

Schäme dich nicht, wenn du dir helfen läßt! Du hast ja den Befehl, deine Pflicht zu erfüllen, wie ein Soldat beim Sturm auf die feindliche Mauer. Wirst du ihn verweigern, wenn du eines lahmen Fußes wegen die Schanze allein nicht ersteigen kannst, es dir aber mit Hilfe eines Kameraden gelingen würde?

Laß dich nicht von dem beunruhigen, was erst noch kommen soll! Wenn es dir bestimmt ist, wirst du die Zukunft schon erleben – im Besitz der gleichen geistigen Kräfte, mit denen du jetzt die Gegenwart meisterst.

Alles ist im Weltall miteinander verflochten und einander fast in jeder Erscheinung vertraut: heilig ist das Band, das alles zusammenhält! Denn es ist eines dem anderen zugeordnet und verwirklicht an seinem Teile den Kosmos. Zu einer Welt fügt sich ja alles zusammen, ein Gott waltet im All, es gibt nur eine Materie und ein Gesetz der Umwandlung für das Stoffliche, eine einzige geistige Kraft, an der alle vernunftbegabten Wesen teilhaben, und eine einzige Wahrheit, so wahr es auch nur eine Vollkommenheit für alles Lebendige gibt, das im Wesen einander gleicht und an der einen Vernunft teilhat.

Wie bald geht jedes stoffliche Einzelgebilde wieder in der Materie des Weltalls auf, wie bald wird die formende Kraft jedes solchen Gebildes wieder in die Allvernunft zurückgenommen, wie bald verliert sich die Erinnerung an jedes Einzelgeschehen in dem unendlichen Strom der Zeit!

Für das vernunftbegabte Geschöpf fällt die naturgemäße Tätigkeit mit der vernunftgemäßen zusammen.

Es gibt nur zwei Möglichkeiten: entweder stehst du selbst auf festen Füßen oder du mußt dich stützen lassen!

In derselben Weise, wie sich der körperliche Organismus in seine Teile ausgliedert, ist die Vernunft der Einzelmenschen auf einheitliche Zusammenarbeit angelegt. Die Erkenntnis dieser Wahrheit wird dir leichter fallen, wenn du oft zu dir sagst: ich bin ein Glied der Gemeinschaft aller Vernunftwesen. Bezeichnest du dich aber nicht als Glied dieser Gemeinschaft, sondern als eine Einzelerscheinung (du brauchst nur statt des l in melos = Glied ein r zu setzen), dann liebst du die Menschen noch nicht aufrichtig genug, dann findest du dein Glück noch nicht ausschließlich darin, Gutes zu tun. Denn solange du nur aus 'Schicklichkeit' Gutes tust, hast du noch nicht begriffen, daß du dir mit der guten Tat selbst einen Dienst leistest.

Mag den Teilen meines Ich, die den Einwirkungen der Außenwelt ausgesetzt sind, von außen zustoßen, was da will! Sie werden sich über die empfangenen Einwirkungen gegebenenfalls beklagen, *ich* fühle mich noch lange nicht geschädigt: wenn ich nämlich die Vorstellung nicht in mir aufkommen lasse, daß das, was mir widerfahren ist, ein Unglück ist; dazu bin ich aber durchaus in der Lage.

Mag ein anderer sagen oder tun, was er will: meine Aufgabe ist es, gut zu sein. Es ist damit nicht anders, als wenn das Gold oder der Smaragd oder der Purpur jeweils erklärten: meine Aufgabe ist es, Smaragd zu sein und meine Farbe zu behalten, mag ein anderer sagen oder tun, was er will.

Die Vernunft schafft sich nicht selbst Ungelegenheiten; sie bringt sich z. B. nicht in Angst und schafft sich keine Betrübnis. Wenn aber ein anderer sie ängstigen oder betrüben kann, dann soll er es tun; sie selbst denkt nicht daran, sich selbst dadurch in eine solche Verfassung zu bringen, daß sie die Vorstellung davon in sich aufkommen läßt. Der Körper soll selbst dafür sorgen, daß ihm kein Leid geschieht, wenn er dazu in der Lage ist, und es sagen, wenn ihm etwas fehlt; die Seele aber, die die Empfindung der Furcht und des Kummers hat, wird schwerlich betroffen; denn sie hat nicht die Fähigkeit zu solcher Feststellung, da sie dergleichen überhaupt nicht in sich aufkommen läßt. Die Vernunft ist an und für sich auf gar nichts außer ihr angewiesen, es sei denn, sie schaffe sich selbst Bedürfnisse; aus demselben Grunde kennt sie keine Beunruhigung und Beeinträchtigung ihrer Freiheit, wenn sie beides nicht selbst herbeiführt.

Glücklich sein heißt, einen guten Dämon in der Brust haben oder eine auf das Gute ausgehende Vernunft. Was hast du also hier zu schaffen, böser Geist? Fort mit dir in Gottes Namen, wie du gekommen bist! Ich habe dich nicht kommen heißen; du bist nach deiner alten Gewohnheit erschienen. Ich zürne dir nicht, nur: hebe dich hinweg von mir!

Mancher fürchtet die Umwandlung, d. h. den Tod. Mit Unrecht; denn was kann ohne Umwandlung neu entstehen? Was wäre der Allnatur vertrauter oder angemessener? Kannst du selbst baden, ohne daß das Holz im Ofen in Wärme umgesetzt wird? Kannst du die Speisen verdauen, ohne sie 'abzubauen'? Gibt es sonst noch etwas Nützliches, was ohne Umformung zustande gebracht werden kann? Siehst du nicht, daß nicht zuletzt auch deine 'Umwandlung' den gleichen Sinn hat und für die Allnatur gleichermaßen unerläßlich ist?

Durch die Weltmaterie nimmt der Geist seinen Lauf wie durch einen reißenden Bergstrom. Alle Körper sind mit dem Ganzen eng verwachsen und verbündet, so wie unsere Gliedmaßen miteinander zusammenhängen.
Der Strom der Zeit hat schon manchen Chrysipp, manchen Sokrates und Epiktet verschlungen. Das mußt du dir auch bei jedem einzelnen Menschen und Gegenstand vor Augen halten!

Mich bewegt nur das eine Verlangen, nichts zu tun, was die Bestimmung des Menschen nicht will oder mindestens so oder jetzt nicht will.

Bald wirst du alles vergessen haben, bald von allen vergessen sein!

Auch die zu lieben, die sich gegen uns vergangen haben, das ist uns als Menschen besonders aufgetragen. Du gelangst dahin, wenn du dir zum Bewußtsein bringst, daß jene mit dir verwandt sind und aus Unkenntnis und gegen ihren Willen Fehler begehen und daß ihr beide, du sowohl wie sie, nach kurzer Zeit tot sein werdet, und vor allem, daß dir der Sünder ja gar keinen Schaden zugefügt hat. Denn er hat die Vernunft in deiner Seele nicht weniger wertvoll gemacht, als sie vorher war.

Die Allnatur hat aus der Weltsubstanz wie aus Wachs eben ein Pferd geschaffen. Dann schuf sie es unter Verwendung seiner Substanz bald zu einem Baum, bald zu einem Menschen, bald zu etwas anderem um. Jedes dieser Gebilde trat nur ein sehr kurzes Leben an. Aber es ist ja auch nichts Schlimmes dabei, wenn ein Kasten auseinandergenommen wird –, nichts Schlimmeres jedenfalls, als daß er zusammengenagelt wurde.

Der zornige Gesichtsausdruck ist etwas sehr Naturwidriges. Wenn die Freundlichkeit oft auf deinem Antlitz erstirbt, verlöscht sie letzten Endes, so daß du sie überhaupt nicht wieder aufleuchten lassen kannst. Versuch gerade darum zu begreifen, daß er wider alle Vernunft ist! Denn wenn sich gar noch das Bewußtsein davon verliert, daß wir einen Fehler begehen, was gibt es dann noch für einen Grund, weiter zu leben?

Alles, was du siehst, wird die Naturkraft, die in allem waltet, bald wieder umschaffen und anderes aus seinem Stoff machen und wieder anderes aus dessen Stoff, damit der Kosmos ewig jung bleibt.

Hat dir jemand etwas zuleide getan, dann überlege sofort, welche Auffassung von 'gut' und 'böse' ihn zu seinem Vergehen bestimmt hat. Wenn du das erkannt hast, wirst du nämlich nur Mitleid mit ihm haben und dich weder wundern noch böse werden. Denn entweder hast du selbst über das 'Gute' die gleiche Auffassung wie er oder doch eine ähnliche andere, dann mußt du ihm natürlich vergeben. Wenn du dagegen dergleichen nicht mehr als 'gut' und 'böse' ansiehst, wird es dir verhältnismäßig leicht fallen, milde gegen den Irrenden zu sein.

Denke nicht, wie schön es wäre, du hättest bereits, was dir noch fehlt, sondern wähle unter dem, was du hast, das Beglückendste aus und stelle dir in Gedanken vor, welche Anstrengungen du seinetwegen machen würdest, wenn du es nicht hättest! Aber sei dabei auf der Hut! Gewöhne dich in deiner großen Freude nicht daran, es zu überschätzen; du könntest sonst in Bestürzung geraten, wenn du es einmal nicht mehr hast.

Zieh dich in dich selbst zurück! Die in uns zur Herrschaft bestimmte Vernunft ist darauf angelegt, ihr Genügen in sich selbst zu finden, wenn sie das Rechte tut und dabei Frieden in ihrer Seele hat.

Kämpfe unerwünschte Vorstellungen nieder! Mach der Willkür der Leidenschaften ein Ende! Beschränke dich darauf, die Forderung des Tages zu erfüllen! Erfasse das Schicksal, das dir oder einem anderen widerfährt! Unterscheide am Gegenständlichen formende Kraft und Stofflichkeit und grenze sie voneinander ab! Bedenke deine letzte Stunde! Laß den Fehler, den dein Nächster beging, dort liegen, wo er entstand: d. h. auf sich beruhen!

Lausche mit angespannter Aufmerksamkeit auf die Worte des anderen und versenke dich in die Erforschung des gegenwärtigen Geschehens und seiner Ursachen!

Geradheit, Ehrgefühl und Gleichgültigkeit gegen alles, was zwischen Gut und Böse liegt: das sei der Schmuck deiner Seele! Lerne alles lieben, was Menschenantlitz trägt! Gehorche Gott! Der weise Demokrit sagt: 'Alles ist nur der herkömmlichen Meinung nach so, wie es ist; wahr sind allein die Elemente.' Nun, es genügt zu wissen, daß das Ganze nur nach herkömmlicher Meinung so ist. Das ist wenig genug.

Vom Tode: Wenn die Seele aus Atomen besteht, ist der Tod eine Auflösung; wenn sie eine Einheit ist, ist er entweder ein Auslöschen oder ein Übergang in eine andere Seinsform.

Vom Leide: Das unerträgliche Leid führt den Tod herbei; was eine Zeitlang anhält, ist erträglich. Die Seele sichert sich ihren inneren Frieden nur durch Abschließung von der Außenwelt; die geistige Führung hat keinen Nachteil davon. Die von dem Leide betroffenen Körperteile sollen sich, wenn sie dazu in der Lage sind, darüber aussprechen!

Vom Ruhme: Beobachte, wie die Seelen derer geartet sind, die dem Ruhme nachjagen, was sie meiden und was sie erstreben! Bedenke ferner: wie sich der Sand am Strande übereinanderschichtet und die älteren Schichten unserem Blick entzieht, so wird im Leben das Frühere von dem, was danach kommt, sehr bald zugedeckt.

'Glaubst du, der großen Seele mit ihrem alle Zeiten und alles Seiende umfassenden Horizont könnte das menschliche Leben als etwas Wichtiges erscheinen?' 'Das ist unmöglich', sagte er. 'Ein solcher Mensch wird wohl auch das Sterben nicht für etwas Schlimmes halten?' 'Nein, ganz und gar nicht!'

'Es ist das Los der Könige, Gutes zu tun und Undank zu ernten.'

Es ist eine Schmach, daß das Gesicht dem Verstand gehorsam ist und sich nach seinen Weisungen formt und glättet, der Verstand sich aber Gestaltung und Ordnung nicht aus eigener Kraft zu geben vermag.

'Es ist sinnlos, dem Schicksal zu grollen; denn es nimmt keine Klagen an.'

'Möchtest du den unsterblichen Göttern und uns Freude schenken!'

'Der Schnitter Tod mäht Menschenleben ab wie der Bauer das Korn auf dem Felde: manche Ähre hat ihre Frucht gebracht, so manche nicht!'

'Wenn die Götter mich und meine Kinder verlassen sollten, dann hat auch das seinen tieferen Sinn.'

'Denn das Gute und die Gerechtigkeit werden mit mir sein.'

'Klage nicht mit den Klagenden, glätte die stürmischen Wogen der Brust!'

'Ich aber würde ihm wohl mit Recht entgegnen: 'Lieber Freund, du bist nicht gut beraten, wenn du glaubst, daß ein Mann, der auch nur etwas taugt, auf eine Gefahr achtet, die vielleicht über Leben und Tod entscheidet, und nicht vielmehr allein darauf sieht, ob das, was er gegebenenfalls tut, gerecht oder ungerecht, die Tat eines guten oder eines schlechten Mannes ist.'

'Denn so, ihr Männer von Athen, verhält es sich in Wahrheit: Wo sich einer entweder selbst hinstellt in der Überzeugung, daß es das Beste ist, oder von einem Vorgesetzten hingestellt wird, dort muß er meiner Ansicht nach bleiben und die Gefahr auf sich nehmen, ohne an das Sterben oder irgend etwas anderes mehr zu denken als an die Schande.'

'Nein, mein Bester, sieh lieber zu, ob das Edle und Gute nicht doch etwas anderes ist als retten und sich retten lassen! Ob ein wirklicher Mann den Gedanken an ein langes Leben nicht aufgeben muß und überhaupt nicht am Leben hängen darf, die Entscheidung darüber vielmehr Gott zu überlassen hat und den Weibern glauben muß, die meinen, auch nicht einer entgehe seinem Schicksal, und daß er als nächstes bedenken muß, wie er die ihm zugedachte Lebenszeit so gut wie möglich verbringt.'

Betrachte den Lauf der Gestirne, als kreistest du mit ihnen, und denk ständig an die Umwandlung der Elemente ineinander; denn solche Betrachtungen reinigen dich vom Schmutz des irdischen Daseins.

Schön ist der Ausspruch Platons. Wer über die Menschen reden will, muß ja auch wie von einer höheren Warte aus auf das Irdische drunten sehen: Herden, Heere, Ackerbau, Hochzeiten, Scheidungen, Geburten, Todesfälle, lärmende Gerichtsverhandlungen, verödete Ländereien, die bunte Vielfalt der Barbarenvölker, Feste, Totenklagen, Märkte, dies Durcheinander und die aus Gegensätzlichem sich bildende Ordnung des Ganzen.

Wende deinen Blick immer wieder auf die Vergangenheit, auf die großen Wandlungen führender Reiche! Auch die Zukunft läßt sich voraussehen. Denn sie wird der Vergangenheit völlig gleichen und die Bahn unmöglich verlassen, in denen die Gegenwart zur Zeit verläuft. Deshalb ist es auch einerlei, ob du das menschliche Leben vierzig Jahre lang erforschst oder Tausende. Denn was gäbe es da mehr zu sehen?

'Und das der Erde Entsprossene kehrt wieder zu ihr zurück, was aber von himmlischem Samen gezeugt wurde, kehrt in das Himmelsgewölbe zurück.' Der Tod ist entweder eine Auflösung der Verflechtungen der Atome und eine entsprechende Zerstreuung der unversehrten Elemente (oder ein Auslöschen oder ein Übergang in eine andere Seinsform).

Die Menschen suchen

'mit Speisen und Getränken und mit Zaubermitteln
den Strom des Lebens abzuleiten, nur um nicht zu sterben!'
'Du mußt den Fahrwind nehmen, wie ihn Gott gesandt,
und darfst nicht klagen über Kampf und Not!'

Ein besserer Ringer ist er wohl, aber an mitmenschlicher Gesinnung, Rücksichtnahme, Ergebung in das Unvermeidliche und an Nachsicht gegen die Fehler des Nächsten ist er mir nicht überlegen.

Wo ein Werk im Sinne der Vernunft, die Göttern und Menschen gemeinsam ist, vollendet werden kann, da braucht man nichts zu befürchten. Denn wo man durch gedeihliches Wirken im Sinne der menschlichen Bestimmung einen Fortschritt erzielen kann, da ist kein Nachteil zu befürchten.

Du hast es überall und jederzeit in der Hand, den Göttern in frommer Scheu für dein gegenwärtiges Erleben zu danken, deinen Zeitgenossen Gerechtigkeit widerfahren zu lassen und die eben in dir aufsteigende Vorstellung gründlich zu prüfen, damit sich nichts 'Unbegreifliches' einschleicht.

Sieh dich nicht nach fremden Grundsätzen um, sondern blicke unverwandt auf das Ziel, zu dem dich die Natur führt: die Allnatur durch das, was sie dir zustoßen läßt, deine eigene durch das, was sie dir zu tun aufgibt. Das ist für jeden das, was aus seiner Bestimmung als Mensch folgt. Es sind aber die übrigen Lebewesen um der vernunftbegabten willen geschaffen und so in jedem anderen Bereiche das Niedrigere um des Höheren willen; die vernunftbegabten Wesen aber sind füreinander da. Die entscheidende Leistung der menschlichen Natur ist demnach das Gefühl der mitmenschlichen Verantwortung, die zweite die Unnachgiebigkeit gegen leibliche Gefühle; denn es ist die besondere Fähigkeit unseres Denk- und Urteilsvermögens, sich selbst abzuschirmen und weder der Beunruhigung durch die Sinne noch der Behelligung durch die Triebe zu erliegen. Denn diese beiden sind geschöpflicher Natur; die Vernunft aber will den Vorrang haben und sich von ihnen nicht beherrschen lassen. Mit Recht; denn es entspricht ihrem Wesen, alle jene Bewegungen in ihre Dienste zu nehmen. Das dritte im Aufbau des Vernunftwesens ist das ruhig prüfende Urteil, das keiner Täuschung unterliegt. Wenn sich die Vernunft an diese drei Aufgaben hält, mag sie getrost geradeaus gehen: sie erfüllt ihre Pflicht.

Den Rest der dir noch beschiedenen Zeit mußt du nach den Gesetzen der Natur zu Ende leben, als hättest du nur bis zu diesem Augenblick gelebt und wärest bereits gestorben.

Was dir von Schicksal zugedacht ist und widerfährt, das sollst du lieben, und nur das; denn was könnte dir angemessener sein?

Bei allem, was dir geschieht, mußt du dir die Menschen vor Augen halten, denen das gleiche geschah und die sich dann ärgerten, befremdet waren und das Schicksal anklagten. Wo sind sie denn jetzt? Nirgends. Und du? Willst du es auch nicht anders machen? Willst du diese dir fremden Regungen nicht denen überlassen, die sie in sich aufkommen, ja sich von ihnen beherrschen lassen, dich selbst aber ganz der Frage zuwenden, wie du dich mit deinem Schicksal abzufinden hast? Denn ich weiß: du wirst dich gut mit ihm abfinden und darin die Möglichkeit zur eigenen sittlichen Tat sehen. Du mußt nur auf dem Posten sein und bei allem, was du tust und erlebst, gut sein wollen. Gedenke an beides, daß belangvoll dein Tun ist, unwesentlich, woran du es vollziehst!

Blick in dein Inneres! Dort ist die Quelle des Guten, und wenn du immer nachgräbst, kann sie immer hervorsprudeln.

Auch der Körper soll gefestigt sein und sich weder in bewegtem noch in ruhendem Zustand um seine Haltung bringen lassen. Denn so wie sich die Seele auf dem Antlitz ausprägt, dem sie den Ausdruck der charaktervollen und edlen Haltung gibt und unverändert erhält, so ist eine solche Prägung auch für den ganzen Körper zu fordern. Man muß sich das alles freilich ohne bewußte Absicht erwerben und zu bewahren suchen.

Die Lebenskunst ist der des Ringers ähnlicher als der des Tänzers, denn es gilt, bei unvorhergesehenen Schlägen des Schicksals kampfbereit und unerschütterlich fest dazustehen.

Denk immer darüber nach, was für Menschen es sind, nach deren Bestätigung du verlangst, und was sie für

Grundsätze haben. Denn dann wirst du weder über sie ungehalten sein, da sie ja unabsichtlich ihre Fehler begehen, noch wirst du ihrer Bestätigung überhaupt bedürfen, wenn du auf die Quellen ihrer Meinungen und Triebe siehst.

Jede Seele, sagt Epiktet, begibt sich nur unfreiwillig der Wahrheit. Ebenso ist es bei der Gerechtigkeit, der Selbstbeherrschung, dem Wohlwollen und allen solchen Tugenden. Es ist bitter nötig, daß du das immer vor Augen hast; denn dann wirst du gegen alle milder gestimmt sein.

Bei jedem Schmerz sollst du dir vergegenwärtigen, daß er nichts Entehrendes ist und den Geist, die führende Kraft deiner Seele, nicht schlechter machen kann; denn er kann ihn weder in der Kraft des Denkens noch in dem Bewußtsein der mitmenschlichen Verantwortung vernichtend treffen. Bei den meisten Schmerzempfindungen mag dir auch das Wort Epikurs helfen, daß sie weder unerträglich sind noch ewig während; du brauchst ja nur an ihre natürlichen Grenzen zu denken und sie nicht durch deine Einbildung schlimmer zu machen als sie sind. Denke auch daran, daß vieles, was dem Schmerz an Wirkung gleichzusetzen ist, unseren Unwillen erregt, ohne daß wir uns das recht eingestehen wollen, z. B. Schläfrigkeit, Fiebertemperatur, Mangel an Appetit. Wenn du über einen dieser Zustände verärgert bist, dann mach dir klar, daß du dem Schmerz zu erliegen drohst!

Hüte dich, gegen Unmenschen die gleichen Empfindungen zu haben, die diese gegen ihre Mitmenschen haben!

Woher wissen wir eigentlich, ob Telauges nicht einen besseren Charakter als Sokrates hatte? Denn es genügt nicht, daß Sokrates ruhmvoller starb, sich geschickter mit den Sophisten unterhielt, standhafter eine Nacht voll eisiger Kälte im Freien verbrachte, dem Befehl, den Salaminier herbeizuschaffen, offenbar mit bemerkenswerter Tapferkeit trotzte und auf den Straßen Athens stolz einherwandelte (wenn es der Wahrheit entspricht, könnte es einen recht nachdenklich machen!); man muß vielmehr darauf sehen, was für eine Seele Sokrates eigentlich hatte, ob er sein Genügen allein darin zu finden wußte, gerecht gegen die Menschen und fromm gegen die Götter zu sein, ohne sich über die Schlechtigkeit jener zu entrüsten, der Unwissenheit eines Menschen Vorschub zu leisten und ohne auf der anderen Seite die Fügung des Schicksals als etwas Fremdes zu empfinden oder als unerträglich hinzunehmen oder die Vernunft durch leibliche Empfindungen in Mitleidenschaft ziehen zu lassen.

Die Natur hat dich nicht in eine so enge Verbindung mit dem Körper gebracht, daß uns nicht die Freiheit bliebe, uns auf uns selbst zurückzuziehen und unser Leben selbst in die Hand zu bekommen; denn es ist durchaus möglich, ein göttlicher Mann zu werden und von niemand als solcher erkannt zu werden. Daran denke immer und auch an das andere, daß das Glück des Lebens auf ganz wenigen Voraussetzungen beruht; und wenn du es dir versagen mußtest, ein großer Denker und Naturforscher zu werden, so brauchst du deshalb nicht darauf zu verzichten, innerlich unabhängig, edel, mitmenschlich gesinnt und Gott gehorsam zu werden.

Du kannst dein Leben frei von Zwang in voller Harmonie der Seele zu Ende führen, wenn auch alle mit allen möglichen Vorwürfen ihre Stimme wider dich erheben, wenn selbst wilde Tiere die einzelnen Teile der Masse Fleisch, die um dich herumgewachsen ist, zerreißen. Denn was hindert die Seele in allen solchen Fällen, sich selbst in tiefstem Frieden zu erhalten, die Umwelt unverändert richtig zu beurteilen, das, was dich trifft, mühelos in deinem Sinne zu verarbeiten? Dann wird dein Urteilsvermögen zu dem, was dir begegnet, etwa sagen: 'Das bist du in Wahrheit, wenn du auch der Meinung als etwas anderes erscheinst', die Kraft der Überwindung kann zu dem Schicksalsschlage sagen: 'Dich suchte ich gerade; denn für mich ist das, was kommt, immer nur Material für die Betätigung der Vernunft und des sozialen Verantwortungsgefühles, überhaupt der gestaltenden Kraft eines Menschen oder Gottes.' Denn alles Geschehen ist der Gottheit oder dem Menschen von Anbeginn an zugeordnet, kommt nicht überraschend und ist nicht schwer zu überwinden, sondern vertraut und leicht zu meistern.

Das macht den vollendeten Charakter aus: jeden Tag so leben, als wäre es der letzte, und weder erregt, noch verkrampft, noch unecht zu sein.

Die Götter murren nicht darüber, daß sie eine unvorstellbar lange Zeit hindurch (sie sind ja unsterblich!) dauernd die Menschen ertragen müssen, wie sie nun einmal sind (und es sind so viele Minderwertige unter ihnen!); ja, sie sorgen sogar noch für sie in jeder Weise. Du aber willst dich dem entziehen, obwohl dir kaum noch Zeit zum Leben bleibt und du auch nur einer der vielen Minderwertigen bist?

Es ist lächerlich, vor der eigenen Schlechtigkeit nicht zu fliehen, was doch möglich ist, vor der der Mitmenschen aber zu fliehen, was doch unmöglich ist.

Was Vernunft und soziales Verantwortungsgefühl nicht als vernünftig oder mitmenschlich empfunden ansehen können, halten sie mit Recht für unter ihrer Würde.

Wenn du etwas Gutes getan hast und ein anderer dadurch gefördert wurde, was suchst du dann wie die Toren darüber hinaus noch ein Drittes: daß man ja um deine edle Handlungsweise weiß oder dir vergilt?

Niemand wird müde, sich fördern zu lassen. Andere fördern ist aber eine unserer natürlichen Bestimmung entsprechende Tätigkeit. So werde denn nicht müde, dich dadurch fördern zu lassen, daß du anderen weiterhilfst!

Die Allnatur ging auf die Bildung des Weltalls aus. Nunmehr ist alles Geschehen folgerichtige Weiterentwicklung, oder gerade die entscheidendsten Ziele, denen die Weltseele zustrebt, wären sinnlos. Der Gedanke daran wird dich vielem gegenüber gelassener machen.

ACHTES BUCH

Auch das trägt dazu bei, dich von eitlem Geltungsbedürfnis frei zu machen, daß du nicht mehr den Eindruck erwecken kannst, dein ganzes Leben oder von Jugend auf als Philosoph gelebt zu haben, sondern daß es vielen anderen und dir selbst klar geworden ist, daß du der Philosophie nicht mehr nahestehst. Du bist gleichsam entgleist, so daß es dir nicht mehr leicht fallen dürfte, den Ruhm des Philosophen zu erwerben; dem widerstreitet aber auch dein Beruf. Wenn du also wirklich genau weißt, wo deine Aufgabe liegt, dann kümmere dich nicht darum, als was du angesehen wirst; gib dich damit zufrieden, den Rest deines Lebens, so lang oder so kurz es noch sein mag, so zu verbringen, wie es deine natürliche Bestimmung will. Überlege dir also, was sie will, und nichts anderes darf dich davon ablenken. Du hast es ja an dir erfahren, auf wie vielen Wegen du umhergeirrt bist, ohne das Glück irgendwo zu finden. Nicht im logischen Denken, nicht im Reichtum, nicht im Ruhm oder Genuß – nirgends. Wo ist es also? Es liegt in der Erfüllung der Pflichten, die uns die natürliche Bestimmung des Menschen auferlegt. Wie wirst du sie nun erfüllen können? Du mußt feste Richtlinien haben, an die sich Antriebskräfte und Handlungen halten. Was sind das für Richtlinien? Die über 'Gut' und 'Böse', die auf der Erkenntnis beruhen, daß nichts für einen Menschen gut ist, was ihn nicht gerecht, besonnen, tapfer und innerlich frei macht, daß umgekehrt nichts schlecht ist, was nicht das Gegenteil der genannten Eigenschaft bewirkt.

Bei allem, was du tust, frage dich: Was hat diese Tat für mich zu bedeuten? Werde ich sie zu bereuen haben? Bald bin ich tot, und alles ist dahin! Was kann ich andererseits noch mehr von mir verlangen, wenn ich mir sagen darf: Dies hier ist die Tat eines Menschen mit Vernunft und sozialem Gewissen, der sich unter kein anderes Gesetz stellt als die Gottheit?

Was sind Alexander, Cäsar und Pompeius gegen Diogenes, Heraklit und Sokrates! Denn diese kannten die Dinge, ihr Zustandekommen, ihre stofflichen Bestandteile, und ihr Geist war in sich selbst befriedet; wie viele Sorgen lasteten dagegen auf jenen und welche Abhängigkeit von tausenderlei Dingen!

Die Menschen werden nach wie vor dasselbe tun, und wenn du vor Wut platztest!

Erstes Gesetz sei: laß dich nicht aus der Ruhe bringen! Es geht doch alles nach dem Willen der Allnatur, und in kurzer Zeit wird keine Spur mehr von dir da sein, so wenig wie von Hadrian und Augustus. Das zweite: wende deiner Aufgabe die ganze Aufmerksamkeit zu, faß sie scharf ins Auge und denk daran, was die natürliche Bestimmung des Menschen von dir fordert und daß es deine Pflicht ist, ein guter Mensch zu sein; handle danach, ohne dich umzusehen, und sprich, wie es deiner Meinung nach allein richtig ist, aber immer in einer freundlichen, rücksichtsvollen und klaren Weise!

Die Allnatur hat laufend damit zu tun, das, was hier ist, dorthin zu verlagern, es umzuwandeln, von der einen Stelle wegzunehmen und an eine andere zu bringen. Alles befindet sich in dauernder Veränderung, ohne daß du befürchten müßtest, es träte etwas Unerwartetes ein. Es geht alles seinen gewohnten, geordneten Gang. Sogar der Anteil am Schicksal ist bei allen relativ gleich.

Jede natürliche Kraft findet ihre Erfüllung im Gelingen ihres Auftrages, Die Denkkraft vollendet ihre Aufgabe, wenn sie weder einer falschen noch einer unklaren Vorstellung zustimmt, die Antriebskräfte lediglich auf Taten der mitmenschlichen Gesinnung richtet, Neigungen und Abneigungen auf die Dinge beschränkt, die in unserer Macht stehen, und alles, was dem Menschen von der Allnatur zuerkannt wird, gutheißt. Denn sie ist ein Teil von dieser, wie die natürliche Kraft des Blattes Teil der Kraft der Pflanze, nur daß hier die Kraft des Blattes Teil einer empfindungs- und vernunftlosen, Hemmungen unterworfenen Kraft ist, während die Natur des Menschen Teil einer von Hemmungen freien, vernunftbegabten und gerechten Allnatur ist. Das zeigt sich darin, daß sie allem Geschöpflichen nach Gebühr den gleichen Anteil an Lebensdauer, Substanz, gestaltender Kraft, Tätigkeit und schicksalhaftem Ergehen gibt. Bedenke aber, daß du natürlich nicht das Einzelexemplar jeder Gattung dem Einzelexemplar, sondern nur die eine Gattung insgesamt der anderen ganzen Gattung gleichsetzen darfst.

Zum Lesen kommst du nicht, aber du kannst sehr wohl Regungen des Übermutes zurückdrängen, Lust und Schmerz meistern und über Geltungssucht erhaben sein;

du kannst dich dazu erziehen, über gefühllose und undankbare Menschen nicht böse zu werden, ja du kannst dich ihrer darüber hinaus noch liebevoll annehmen.

Niemand soll von dir mehr eine Klage über das Hofleben hören, auch du nicht von dir selbst!

Die Reue ist wie ein Selbstvorwurf, daß man etwas Zweckdienliches verabsäumt hat. Nun ist zweifellos das Gute etwas Zweckdienliches, und nach ihm muß der edle und gute Mensch streben. Kein wirklich guter Mensch würde aber darüber Reue empfinden, daß er sich eine Lustempfindung hat entgehen lassen; die Lust ist also weder zweckdienlich noch gut.

Was ist dieser Gegenstand hier an sich, seiner besonderen Anlage nach? Was ist er seiner Substanz und seiner stofflichen Zusammensetzung nach? Welche Kraft wirkt in ihm, welche Aufgabe erfüllt er im Kosmos? Welche Lebensdauer hat er?

Wenn du verärgert aus dem Schlummer erwachst, dann denke daran, daß es deiner Veranlagung und der allgemein-menschlichen Bestimmung entspricht, die Gemeinschaft durch dein Handeln zu fördern, daß du den Schlaf dagegen auch mit den vernunftlosen Lebewesen gemeinsam hast. Was aber der besonderen Natur eines jeden Lebewesens entspricht, das ist ihm in besonderem Maße eigen und zugehörig und muß ihm darum auch besonders zusagen.

Prüfe dauernd und, soweit es möglich ist, jede einzelne gedankliche Vorstellung nach den Gesetzen der Physik, Ethik und Dialektik!

Du magst zusammentreffen, mit wem du willst – du mußt dir sofort die Frage vorlegen: Welche Ansichten hat dieser Mensch über 'Gut' und 'Böse'. Wenn er nämlich über Lust und Schmerz und über beider Ursachen, über Ruhm, Ruhmlosigkeit, Tod und Leben die und die bestimmten Ansichten hat, dann wird es mich nicht wundern oder befremden, wenn er so und so handelt, und ich werde mir bewußt sein, daß er gar nicht anders handeln kann.

Denke daran: So unpassend das Befremden darüber wäre, daß der Feigenbaum Feigen trägt, so töricht ist es, nicht begreifen zu wollen, daß die Welt das hervorbringen muß, was sie in ihrem Schoße trägt. Auch zu einem Arzt würde es nicht passen, wenn er es merkwürdig fände, daß sein Patient Fieber hat, und der Steuermann wirkte töricht, der sich wunderte, wenn Gegenwind aufgekommen ist.

Denke daran: Du bist nicht weniger frei, wenn du deine Ansicht änderst und dem folgst, der dich eines Besseren belehrt. Denn die Handlung, die nach deinem Willen und Entscheid und also auch nach deinem Sinn zustande kommt, ist deine Tat.

Wenn etwas in deinem Ermessen steht, dann frage dich: warum tust du es? Wenn aber etwas im Ermessen eines anderen stand, wem willst du da Vorwürfe machen? Den Atomen oder den Göttern? Beides ist unsinnig.
Keinem gebührt ein Vorwurf. Denn wenn du es kannst, dann führe den anderen auf den richtigen Weg. Kannst du das nicht, dann bring die Angelegenheit selbst in Ordnung. Kannst du auch das nicht, was hilft dir dann

überhaupt dein Anklagen? Laß es, denn man soll nichts tun, was keinen Sinn hat.

Was stirbt, fällt darum noch nicht aus dem Weltganzen heraus. Bleibt es hier, dann unterliegt es auch hier der Umwandlung und löst sich in seine Bestandteile auf; es sind dies die gleichen Elemente, aus denen das Weltall besteht und du selbst aufgebaut bist. Auch sie wandeln sich, ohne zu murren.

Jedes Geschöpf ist zu einem bestimmten Zweck geschaffen, z. B. ein Pferd oder ein Weinstock. Warum wunderst du dich darüber? Auch die Sonne wird sagen: 'Ich bin zu einer Aufgabe geschaffen' und ebenso die übrigen Götter. Wozu bist du nun geschaffen? Zu sinnlichen Freuden? Sieh zu, ob deine Vernunft einen solchen Gedanken erträgt!

Die Natur hat bei jedem Einzelwesen nicht weniger das Ende im Sinn als den Anfang und den Weg bis zum Ende und gleicht darin dem Menschen, der einen Ball in die Höhe wirft. Was für einen Vorteil hat der Ball davon, wenn er emporgeworfen wird, was für einen Nachteil, wenn er wieder herunterkommt und zu Boden fällt? Was hat die Wasserblase davon, daß sie sich bildet, welchen Nachteil bringt ihr die Auflösung? Das gleiche gilt auch von dem Licht.

Wende dein Inneres nach außen und sieh dir an, wie es aussieht und wie es aussehen lernt, wenn es alt oder krank oder von Leidenschaften zersetzt ist.
Kurzlebig ist der Lobende und der Gelobte, der Gedenkende und der, dessen gedacht wird. Außerdem spielt sich das noch in einem Winkel dieses Landstriches

ab, und nicht einmal da stimmen alle miteinander überein, ja nicht einmal der einzelne mit sich selbst. Und die ganze Erde ist nur ein Punkt im Weltall!

Achte bei jedem Gegenstand auf seine Substanz, bei einem Lebewesen auf seine Wirkung, beim Menschen auf seinen Grundsatz, beim Wort auf seinen Sinn! Dir geschieht ganz recht so! Denn du willst lieber erst morgen gut werden als es heute schon sein!

Ich tue etwas? Dann tue ich es im Hinblick auf die menschliche Wohlfahrt. Es widerfährt mir etwas? Ich nehme es hin im Aufblick zu den Göttern und zu der Urquelle von allem, aus der alles Geschehen in schicksalhafter Verflechtung hervorgeht.

So wesenlos, wie dir das Baden, das Öl, der Schweiß, der Schmutz, das verschmutzte Wasser und alles, was dich sonst anwidert, vorkommt, so wesenlos erscheint dir auch jeder Teil des Lebens und jeder Gegenstand.

Lucilla begrub den Verus, dann starb sie selbst, Secunda sah Maximus sterben, dann starb auch sie; Epitynchanus starb, nachdem er Diotimos bestattet, Antoninus, nachdem er Faustina zur Ruhe gebracht hatte. Celer starb, nachdem er Hadrian die letzten Ehren erwiesen hatte. So ist es allen ergangen. Wo sind jene scharfsinnigen Männer, die Deuter der Zukunft, die Leute mit hochentwickeltem Selbstgefühl? Köpfe wie Charax, der Platoniker Demetrius, Eudaemon und andere ihres Schlages? Sie waren alle nur 'Könige für einen Tag', sind längst tot. Von einigen hat man nicht einmal eine kurze Zeit gesprochen, andere sind schon ins Reich der Sage entrückt, manche sind sogar schon aus der Sagenwelt verschwunden. Denk also daran, daß dein leiblicher Organismus sich in seine Urbestandteile auflösen oder dein Lebenshauch erlöschen oder seinen Aufenthaltsort wechseln und sich anderswohin versetzen lassen muß.

Es beglückt den Menschen, wenn er im Sinne seiner besonderen Bestimmung tätig sein kann. Die besonderen Aufgaben des Menschen aber sind Wohlwollen gegen seinesgleichen, Verachtung der sinnlichen Reize, Sichtung der leicht täuschenden Vorstellungen, Betrachtung der Allnatur und dessen, was nach ihrem Willen geschieht.

In drei Beziehungen stehst du: zu dem leiblichen Gefäß, das dich umschließt, zu der göttlichen Kraft, von der alles allem widerfährt, und zu deinen Mitmenschen.

Der Schmerz ist entweder für den Körper ein Übel, dann kann sich dieser ja dazu äußern, oder für die Seele. Aber es ist ganz in deren Ermessen gestellt, sich Heiterkeit und inneren Frieden zu erhalten und die Vorstellung nicht aufkommen zu lassen, daß er ein Übel ist. Denn jedes Urteil und jede Antriebsenergie, alles Verlangen und Meiden haben ihren Sitz im Inneren der Seele, und bis dahin dringt kein Übel von außen vor.

Unterdrücke das Aufsteigen unerwünschter Vorstellungen in deiner Seele, indem du dir immer wieder sagst: Jetzt steht es ganz bei mir, daß in dieser Seele keine Schlechtigkeit, kein unedles Verlangen, überhaupt keine Beunruhigung aufkommt. Ich sehe vielmehr alles untrüglich so, wie es wirklich ist, und nehme es in meine Dienste, jedes nach seinem Wert. Denk an diese Möglichkeit, die dir die Natur verlieh!

Sprich im Senat und zu allen Menschen in verbindlicher Art und werde nicht deutlicher als es nötig ist! Sei natürlich in deiner Ausdrucksweise!

Der Hof des Augustus, seine Frau, seine Tochter, seine Nachkommen und Vorfahren, sein Schwester, Agrippa, seine Verwandten, Hausgenossen und Freunde, Arius, Maecenas, Ärzte, Opferpriester: der ganze Hof – tot! Und dann bedenke die anderen Heimsuchungen, wie z. B. die von Pompeji, wo es sich um weit mehr als den Tod eines Menschen handelte. Auch an jene Inschrift auf Grabmälern sollst du denken: 'Der Letzte seines Geschlechtes!' Was haben sich die Vorfahren darum gesorgt, einen Nachfolger zu hinterlassen; dann mußte aber doch einer der Letzte werden; auch hier siehst du wieder ein ganzes Geschlecht aussterben.

Bau dein Leben auf der einzelnen Handlung auf und laß es dir genug sein, wenn jede nach Möglichkeit ihr Ziel erreicht; daß sie es aber erreicht, kann niemand auf der Welt verhindern. 'Aber es wird sich etwas von außen Kommendes in den Weg stellen!' Nichts, was dich daran hindern könnte, gerecht, besonnen und wohlüberlegt zu handeln. 'Aber vielleicht wirst du sonst irgendwie in deiner Handlungsfreiheit beschränkt!' Das ist möglich; aber dadurch, daß ich selbst die Hemmung gutheiße und mit ruhiger Einsicht die Wege gehe, die mir noch offenstehen, tritt an die Stelle der versagten sehr bald eine andere Möglichkeit zum Handeln, die sich jenem Aufbau meines Lebenswerkes, von dem die Rede ist, harmonisch einfügt.

Bescheiden im Nehmen, großzügig im Geben!

Du hast vielleicht schon einmal eine abgehauene Hand oder einen Fuß oder Kopf von dem übrigen Körper abgetrennt liegen sehen: so ähnlich richtet sich der Mensch selbst zu, der sich, soviel er nur kann, dem Schicksal widersetzt und der Welt verschließt oder Handlungen begeht, mit denen er sich außerhalb der menschlichen Gemeinschaft stellt. Du hast dich doch irgendwie von der Einheit losgerissen, zu der du nach dem Willen der Natur gehörst. Denn du warst als ein Teil von ihr geboren; nun aber hast du dich von ihr losgesagt. Aber hier hast du das Glück, daß du die verlorene Einheit wiederherstellen kannst. Diese Möglichkeit, nach der Trennung und Zerlegung wieder ein Ganzes zu werden, hat die Gottheit keinem anderen Gliede der Schöpfung gegeben. Mach dir doch die Güte klar, die in dieser Auszeichnung des Menschen liegt! Denn Gott hat dem Menschen beides in die Hand gegeben: sich überhaupt nicht von dem Ganzen losreißen zu lassen und wieder zu dem Ganzen zurückkehren zu können, mit ihm wieder zu verwachsen und die Rolle des Gliedes wieder zu übernehmen, wenn er sich doch einmal losgesagt hat.

Wie die Weltvernunft jedem vernünftigen Wesen mancherlei Kräfte verliehen hat, so haben wir von ihr auch die folgende Fähigkeit geschenkt bekommen. Wie sie alles, was sich ihr in den Weg stellt und widersetzt, umwandelt, in den Gang des Schicksals einordnet und zu einem Teil von sich macht, so kann auch das vernunftbegabte Lebewesen aus jedem Widerstand Material zu eigenem Aufbau machen und dies jeweils zu dem Zweck verwenden, den es erstrebt.

Laß dich nicht von der Gesamtvorstellung deines Lebens beunruhigen! Fasse nicht alle Unannehmlichkeiten, die dir vermutlich noch begegnen werden, nach Art und Zahl im Geiste zusammen, sondern frage dich lieber bei jeder einzelnen, die an dich herantritt: Was ist an der Sache eigentlich untragbar und nicht zu verwinden? Du wirst dich schämen, etwas unerträglich zu finden! Mach dich weiter darauf aufmerksam, daß dich weder die Zukunft noch die Vergangenheit bedrücken kann, sondern immer nur die Gegenwart. Die Belastung durch die Gegenwart verringert sich aber, wenn du ausschließlich auf sie blickst und dir deine Seele gehörig vornimmst, wenn sie einem so geringfügigen Druck nicht standzuhalten vermag.

Sitzen Panthea oder Pergamus etwa jetzt noch als trauernde Hinterbliebene an der Urne des Verus, Chabrias und Diotimus an der des Hadrian? Der Gedanke ist lächerlich. Würden es die Toten etwa merken, wenn sie noch da säßen? Würden sie sich freuen können, wenn sie es merkten? Würden die Hinterbliebenen, wenn sich die Toten freuen könnten, darum unsterblich sein? Mußten nicht auch sie nach dem Willen des Schicksals zunächst Greisinnen und Greise werden und dann sterben? Was hätten also die Toten später tun sollen, nachdem die Hinterbliebenen auch gestorben waren? Welch elende Kreatur ist doch der Mensch!

Wenn du gute Augen hast, dann zeige die Schärfe des Blickes in möglichst weisen Urteilen, sagt er.

Ich kann in der Veranlagung des vernunftbegabten Lebewesens keine Tugend entdecken, die der Gerechtigkeit widerstreitet; die Lust aber hat, wie ich sehe, einen Widersacher: die Selbstbeherrschung.

Wenn du die Vorstellung aufgibst, es wolle dich etwas betrüben, stehst du selbst auf sicherstem Boden. 'Wer ist dieses selbst?' Die Vernunft. 'Aber ich bestehe nicht nur aus Vernunft.' Mag sein. Jedenfalls soll die Vernunft sich nicht selbst betrüben. Wenn sich aber etwas anderes an dir in leidendem Zustande befindet, dann mag es sich seine Vorstellung über seinen Zustand selbst bilden!

Die Trübung des Vermögens der sinnlichen Wahrnehmung ist ein Mißstand für die beseelten Lebewesen, ebenso ist eine Triebhemmung für alles Beseelte ein Mißstand. Es gibt noch etwas anderes, was für den pflanzlichen Organismus entsprechend schädlich ist. Folgerichtig ist die Lähmung des Denkvermögens als ein Übelstand für vernunftbegabte Lebewesen anzusehen. Übertrage das alles nun auf dich selbst! Berühren dich Schmerz und Lust? Das wird die Sinneswahrnehmung festzustellen haben. Eine Triebhandlung stieß auf Widerstand? Wenn du deinem Trieb grundsätzlich nachgibst, dann ist das schon ein Mißstand für dich als vernunftbegabten Menschen. Wenn du aber dabei die Interessen der Gemeinschaft in den Vordergrund stellst, bist du durchaus nicht geschädigt oder gehemmt. Den besonderen Kräften der Vernunft pflegt jedoch kein anderer Einhalt zu gebieten als sie selbst. Denn sie berührt weder Feuer noch Eisen, weder ein Tyrann noch Lästerung, überhaupt nichts, wenn sie sich 'zur Kugel rundet, froh der ringsum herrschenden Einsamkeit'.

Das habe ich nicht um mich verdient, daß ich mich selbst kränkte; habe ich doch auch keinem anderen absichtlich etwas zuleide getan.

Den einen erfreut dies, den anderen jenes. Mich beglückt es, wenn ich eine gesunde Vernunft habe, d. h. wenn sie sich weder von einem Menschen noch von einer Schicksalsfügung, wie sie Menschen trifft, abzuwenden sucht, sondern alles mit freundlichen Augen ansieht, aufnimmt und in der gebührenden Weise verarbeitet.

Widme die Zeit, die dir noch geschenkt ist, dir selbst! Die Menschen, die mehr auf Nachruhm aus sind, machen sich nicht klar, daß spätere Generationen nicht besser sind als die Zeitgenossen, über die sie sich ärgern. Auch jene aber sind sterblich. Was geht es dich überhaupt an, ob die Nachwelt mit den oder jenen Worten deinem Leben einen Nachruf widmet oder diese oder jene Meinung von dir hat.

Heb mich auf und wirf mich, wohin du willst! Denn ich werde auch dort einen Dämon voll heiterer Gelassenheit haben, d. h. eine Seele, die zufrieden ist, wenn sie so sein und handeln darf, wie es ihrer besonderen Veranlagung entspricht.

Ist diese Sache es wert, daß es meiner Seele deshalb schlecht geht und sie an Wert verliert, weil sie gedemütigt, den Sinnen unterworfen, an den Leib gefesselt und geängstigt wird? Wo wirst du etwas finden, das solche Opfer aufwöge?

Keinem Menschen kann etwas widerfahren, was nicht Menschenlos ist, keinem Stier etwas, was nicht sein Schicksal ist, keinem Weinstock und keinem Stein, was nicht im Bereich der Schicksale beider liegt. Wenn nun jedem nur das widerfährt, was für ihn gewohntes und naturgegebenes Erleben ist, was hast du da für einen

Grund, ungehalten zu sein? Hat dir doch die Allnatur noch nie etwas geschickt, was du nicht ertragen konntest!

Wenn du dich wegen eines äußeren Geschehens kränkst, dann quält dich nicht dieses Geschehen, sondern die Beurteilung, die es durch dich erfährt. Du hast es aber in der Hand, dieses Fehlurteil unverzüglich aufzuheben. Ist es aber etwas in deiner seelischen Verfassung, was dich betrübt, wer wollte dich da hindern, deine Einstellung zu berichtigen? Ebenso wenn du dich kränkst, daß du nicht das tust, was dir vernünftig erscheint, warum tust du es da nicht lieber statt dich zu kränken? 'Ja, was sich dem in den Weg stellt, ist stärker!' Gräme dich nicht; der Vorwurf, daß die Tat unterbleibt, kann sich dann nicht gegen dich richten. 'Aber das Leben ist nicht lebenswert, wenn sie unterbleibt!' Dann scheide heiteren Mutes und ausgesöhnt mit jenen Widerständen aus dem Leben, so wahr auch der sterben muß, der die Tat durchführen darf.

Denk daran, daß die Vernunft unüberwindlich ist, wenn sie sich auf sich selbst konzentriert, ihr Genügen in sich selbst findet und nichts tut, was nicht ihrem Willen entspricht – auch auf die Gefahr hin, daß sie sich gelegentlich zu einem gewissen Eigensinn versteift. Wie unüberwindlich ist sie erst, wenn sie nach vernünftiger Überlegung über etwas urteilt! Darum ist die von den Leidenschaften unabhängige Vernunft wie eine Burg. Denn es gibt keine sicherere Stätte für den Menschen; hat er dort seine Zuflucht gefunden, dann ist er für den Rest seines Lebens unbesiegbar. Wer diese Wahrheit nicht erkannt hat, ist nicht geschult genug; wer sie begriffen hat, ohne seine Zuflucht zu ihr zu nehmen, ist verblendet.

Rede dir nichts ein, was über den Inhalt des ersten Sinneseindruckes hinausgeht! Du hast von ihm die Meldung bekommen, daß der und der dich schlechtmacht. Gut, sie ist nicht zu bezweifeln. Aber daß du dadurch geschädigt worden bist, darüber liegt keine Meldung vor. Ich weiß, daß mein Kind krank ist. Das sehe ich; daß es in Gefahr ist, sehe ich nicht. So bleibe denn immer bei dem ursprünglichen Sinneseindruck und füge keine eigenen Gedanken aus deinem Inneren hinzu; dann kann dir nichts etwas anhaben. Mach dir lieber zusätzlich Gedanken, wie sie sich ein Mann macht, der mit jedem einzelnen Vorgang im Weltall vertraut ist.

'Die Gurke ist bitter.' Wirf sie weg! 'Es sind Dornen auf dem Wege.' Geh zur Seite! Genügt das nicht? Sage nicht dazu: Warum mußten solche Dinge im Weltall entstehen? Denn ein Naturwissenschaftler würde dich auslachen, so wie dich ein Zimmermann und ein Schuhmacher auslachen würden, wenn du ihnen vorwerfen wolltest, daß du in ihrer Werkstatt Späne und Abfälle von dem siehst, was dort hergestellt wird. Die wissen freilich beide, wo sie die Abfälle hinwerfen. Die Allnatur hat keinen Platz 'außerhalb der Werkstätte', aber das ist gerade das Wunderbare an ihrem Arbeitsverfahren, daß sie trotz dieser selbstgewollten Beschränkung alles, was 'drinnen' zu vergehen, zu überaltern, unbrauchbar zu werden droht, in ihre Eigensubstanz umwandelt und wieder Anderes, Neues daraus macht, damit sie weder des Stoffes von außen bedarf noch einen Platz 'außerhalb' braucht, wo sie das Schlechtgewordene loswerden kann. Sie kommt also mit ihrem Lebensraum, ihrer Substanz und ihrem Arbeitsverfahren in voller Selbstgenügsamkeit aus.

Schiebe nichts von dem, was du zu tun hast, auf die lange Bank, sei in deinen Gesprächen nicht unklar, in deinen Vorstellungen nicht unstet; deine Seele soll sich keinesfalls irgendwie in Mitleidenschaft ziehen lassen, außer sich geraten oder im Leben 'keine Zeit' haben. Sie morden, zerfleischen, jagen uns mit ihren Flüchen – was hat das zu bedeuten, wenn nur die Seele rein, verständig, besonnen und gerecht bleibt? Es ist nichts anderes, als wenn ein Mensch an eine klare Quelle süßen Wassers heranträte und sie beschimpfte; sie läßt das kostbare Naß doch nach wie vor sprudeln. Und wenn du Schmutz oder Unrat hineinwirfst, sie wird beides sehr bald zerteilen und wegspülen und keine Trübung erfahren. Was mußt du tun, um in deiner Seele so einen ewig sprudelnden Quell zu haben, nicht nur gestandenes Wasser? Sei jederzeit darauf bedacht, ein innerlich freier und zugleich guter, schlichter und bescheidener Mensch zu werden!

Wer nicht weiß, was der Kosmos ist, der weiß nicht, wo er sich befindet. Wer nicht weiß, wozu die Welt da ist, weiß nicht, wer er ist. Wer aber eines von diesen beiden nicht weiß, der kann auch nicht angeben, wozu er selbst da ist. Wer könnte dir, der du das Beifallklatschen (im Theater) scheust, belustigender erscheinen als die, die weder wissen, wo sie sind, noch wer sie sind?

Du willst von einem Menschen gelobt werden, der sich selbst in einer Stunde dreimal verflucht? Du willst einem Menschen gefallen, der mit sich selbst nicht einig ist? Kann das einer sein, der nahezu alles bereut, was er tut?

Du solltest in Zukunft nicht nur mit der Luft, die dich umgibt, die Gemeinschaft des Atmens pflegen, sondern nun auch mit der allumfassenden Vernunft eines Sinnes sein. Denn die Kraft der Vernunft ist genau so verbreitet und überall greifbar für jeden, der sie in sich hineinzuziehen versteht, wie die Luft für den, der sie einatmen kann.

Die Schlechtigkeit kann weder – aufs Ganze gesehen – dem Weltall noch im Einzelfall ihrem Opfer einen Schaden zufügen; schädlich ist sie nur für den, dem es gegeben ist, auch ihrer ledig zu sein, sofern er den festen Willen dazu hat.

Auf die Freiheit meiner Entscheidung hat die freie Entscheidung meines Nächsten ebensowenig Einfluß wie sein Atem und sein Fleisch. Denn wenn wir auch noch so sehr füreinander da sind, so beansprucht die herrschende Vernunft doch in jedem von uns ein besonderes Eigenrecht. Sonst könnte ja die Schlechtigkeit meines Nächsten ein Übel für mich sein. Das aber hat die Gottheit nicht gewollt; es soll nicht von einem anderen Menschen abhängen, wenn ich unglücklich bin, sondern nur von mir selbst.

Die Sonne hat sich scheinbar verströmt und überallhin vergossen, aber ihre strömende Kraft ist damit nicht etwa vertan. Dieses scheinbare Verströmen ist nur ein Sich-Spannen (ekteinesthai); jedenfalls haben die Sonnenstrahlen (aktines) ihren Namen davon.
Was aber ein Strahl ist, kannst du sehen, wenn du das Sonnenlicht beobachtest, das durch eine schmale Öffnung in ein verdunkeltes Zimmer eindringt: das 'spannt' sich nach vorn und 'stemmt' sich gleichsam dem festen

Körper entgegen, auf den es auftrifft. Dieser trennt die dahinterliegende Luft von dem Strahl ab, so daß die Spannung dort zum 'Stehen' kommt, ohne Wanken und ohne Fallen. Von solcher Art soll auch die Ausgießung und Verströmung deiner geistigen Kräfte sein: nicht ein Sich-ausgeben, sondern ein Sich-hinspannen, das sich auf den 'Gegen'stand, auf den es auftrifft, nicht in gewaltsamer oder heftiger Weise 'hinstemmt' oder gar ermattet niedersinkt, sondern festen Fuß faßt und den Gegenstand erleuchtet, der den Strahl des Geistes auffängt. Denn was sich von diesem Strahl nicht bescheinen läßt, beraubt sich selbst der Erleuchtung.

Wer sich vor dem Tode fürchtet, fürchtet entweder den Zustand der Empfindungslosigkeit oder eine Veränderung seiner Empfindungen. Bedenke jedoch: Solltest du keinerlei Empfindungen mehr haben, dann wirst du auch kein Leid mehr spüren; bekommst du eine andere Empfindungswelt, dann wirst du ein Lebewesen anderer Art sein und gar nicht sterben.

Die Menschen sind aufeinander angewiesen: bessere oder dulde sie!

Anders bewegt sich das Geschoß, anders der Geist! Aber auch wenn der Geist bedächtig vorgeht und lange bei Erwägungen verweilt, geht er darum nicht weniger geradeaus und auf sein Ziel zu.

Dringe in die Seele eines jeden ein; gib aber auch du jedem anderen Einblick in dein Inneres!

NEUNTES BUCH

Wer Unrecht tut, frevelt. Denn die Allnatur hat die vernunftbegabten Lebewesen aufeinander angelegt, daß sie sich gegenseitig nach Gebühr helfen, in keiner Weise aber schaden sollen; wer ihr Gebot übertritt, frevelt offenbar gegen die älteste Gottheit, die es gibt. Auch der Lügner versündigt sich an der gleichen Gottheit; denn die Allnatur ist die Natur des wirklich Seienden. Das wirklich Seiende aber steht zu allem, was tatsächlich ist, in enger Beziehung. Die Allnatur wird ja auch Wahrheit genannt und ist die erste Ursache von allem, was wahr ist. Wer also vorsätzlich lügt, frevelt insofern, als er mit seinem Betruge ein Unrecht begeht, wer unabsichtlich die Unwahrheit sagt, insofern, als er sich zur Allnatur in Widerspruch setzt und durch den Kampf gegen sie an der Weltordnung vergreift. Wer dem Gegenteil der Wahrheit nachstrebt, kämpft gegen sich selbst. Denn er hatte von der Natur die Voraussetzungen zur Wahrhaftigkeit mitbekommen; da er sie ungenutzt ließ, ist er jetzt nicht in der Lage, das Falsche vom Wahren zu unterscheiden. Auch der frevelt, der sinnlichen Freuden nachjagt, als wären sie etwas Gutes, Schmerzen aber auszuweichen sucht, als wären sie etwas Schlimmes. Denn ein solcher Mann muß der Allnatur oft den Vorwurf machen, daß sie den Schlechten und den Guten zu Unrecht etwas zuerkennt, weil die

Schlechten oft herrlich und in Freuden leben und sich die Voraussetzungen dafür zu verschaffen wissen, die Guten aber in Kummer und Not geraten. Ferner: wer die Schmerzen fürchtet, wird eines Tages auch etwas von dem fürchten, was im Kosmos geschieht; das ist schon etwas Gottloses. Und wer sinnlichen Freuden nachjagt, wird auch nicht darauf verzichten, Unrecht zu tun; das aber ist vollends gottlos. Es müssen aber auch den Dingen gegenüber, denen die Allnatur keinen besonderen Wert beimißt (sie schüfe nicht Lust *und* Schmerz, wenn sie dem einen oder anderen einen besonderen Wert beilegte) –, den genannten Dingen gegenüber müssen sich diejenigen, die der Natur folgen wollen, gleichgültig einstellen, da sie ja mit ihr eines Sinnes sind. Wer nun Schmerz und Lust, Tod und Leben, Ruhm und Ruhmlosigkeit – Lebenserscheinungen, die die Natur in ihrem Aufbau mit verwendet, ohne ihnen einen besonderen Wert zu verleihen – nicht selbst auch unter die unwesentlichen Dinge rechnet, der handelt offenbar gottlos. Daß die Allnatur die genannten Erscheinungen, ohne sie zu werten, in ihren Plan einbezieht, behaupte ich angesichts der Tatsache, daß alles unterschiedslos in lückenloser Aufeinanderfolge aus einem Uranstoß der Vorsehung hervorgeht, mit dem sie von einer Art Uranfang aus die Bildung dieser Welt auslöste; dabei verankerte sie gewisse Grundlinien des künftigen Geschehens mit und legte zeugende Kräfte für die Bildung und Umwandlung der Substanz und die gesetzmäßige Abfolge solcher Entwicklungen fest.

Das wäre ein Mann von besonderer Begnadung, der völlig unberührt von Verlogenheit, Verstellung, Üppigkeit und Überheblichkeit aus dem Kreis seiner Mitmenschen scheiden dürfte. Mehr Aussicht auf Verwirklichung hat der Wunsch, ein Leben zu beschließen, das von Abscheu über diese Untugenden erfüllt war. Oder bist du entschlossen, der Schlechtigkeit weiter Vorschub zu leisten? Überzeugt dich selbst die Erfahrung noch nicht von der Notwendigkeit, dieser Geißel der Menschheit zu entfliehen? Denn die Zersetzung deiner Seele ist mit viel mehr Recht als eine Pest zu bezeichnen als die gewöhnlich mit diesem Ausdruck gemeinte krankhafte Mischung und Zersetzung der uns umgebenden Luft. Denn die Pest befällt die Lebewesen ganz allgemein: jene aber trifft die Menschen in ihrer eigentlichen Bestimmung.

Verachte den Tod nicht, sondern stelle dich gut zu ihm, da er ja auch zu dem gehört, was die Natur will. Denn die Auflösung ist an sich nichts anderes als z. B. das Jungsein, Altern, Wachsen, Reifwerden, Zähne, Bart und graue Haare bekommen, Zeugen, Schwangerwerden, Gebären und was es sonst noch an natürlichen Betätigungen gibt, die die Gezeiten des Lebens mit sich bringen. Das ist die Würde des denkenden Menschen, daß er weder ganz auf den Tod aus ist und mit Ungestüm nach ihm verlangt, noch daß er ihn verachtet; er soll ihn vielmehr als eine der natürlichen Betätigungen erwarten. Wie du jetzt darauf wartest, daß ein Kindlein den Schoß deiner Frau verläßt, so mußt du der Stunde entgegenharren, in der deine Seele diese Hülle abstreifen wird. Wenn du aber noch eines der üblichen Stärkungsmittel für das Herz brauchst: du wirst dem Tode mit der größten Gelassenheit entgegengehen können, wenn du auf die Dinge blickst, die du aufgeben darfst, auf die unerfreulichen Menschen, mit denen dir ein weiteres Zusammenleben erspart bleibt. Denn du darfst ja an ihnen keineswegs Anstoß nehmen, sondern mußt für sie sorgen, sie mit freundlicher Nachsicht gewähren lassen; aber du sollst eben dabei nicht vergessen, daß du nicht von Menschen scheiden wirst, die mit dir eines Sinnes sind. Denn wenn es etwas gäbe, das dich an das Leben fesseln und hier zurückhalten könnte, dann wäre es die Möglichkeit, mit Menschen zusammenleben zu dürfen, die sich zu den gleichen Grundsätzen bekennen wie du. Du siehst aber doch das große Elend im Auseinanderleben der natürlichen Lebensgemeinschaft und möchtest beinahe sagen: 'Komm schneller, lieber Tod, damit ich mich nicht auch noch selbst vergesse!'

Wer sündigt, tut es zu seinem eigenen Schaden; denn wer ein Unrecht begeht, begeht es gegen sich selbst, da er sich damit moralisch verschlechtert.

Ein Unrecht begeht oft der, der eine Handlung unterläßt, nicht nur der, der etwas tut.

Es ist genug, wenn du jeweils die Lage richtig erfaßt, jeweils sozial handelst, jeweils alles, was dich von außen trifft, gutheißt.

Rotte wuchernde Vorstellungen aus, bändige den Trieb, lösche die Begierde aus, gib die Vernunft nicht gefangen!

Die vernunftlosen Lebewesen teilen sich in die eine vegetative Seele, die vernunftbegabten in die eine denkende Weltseele, so wie es auch für alles Erdhafte nur eine Erde gibt und wir, d. h. alles, was da sieht und lebt, dank der gleichen Lichtkraft sehen, die gleiche Luft atmen.

 IX, 4–8

Alles, was mit etwas anderem etwas gemeinsam hat, strebt dem ihm dadurch Verwandten zu. Alles Erdhafte neigt sich der Erde zu, alles Feuchte hat die Neigung zusammenzufließen, ebenso das Luftartige, so daß es notfalls gewaltsamer Trennung bedarf. Das Feuer strebt zwar wegen des Elementarfeuers nach oben, ist aber so leicht geneigt, sich hier auf Erden an jedem Feuer zu entzünden, daß jeder nur etwas trocknere Stoff leicht in Brand gerät, weil ihm weniger von dem beigemischt ist, was das Anbrennen verhindert. Genauso strebt auch alles, was ein Teil der einen denkenden Weltseele ist, dem Verwandten zu, ja sogar noch in höherem Maße; denn das vernunftbegabte Wesen ist um so eher bereit, mit dem ihm Verwandten zur Einheit zu verschmelzen, als es den anderen Wesen überlegen ist. Schon bei den Tieren findet man Schwärme, Herden, das Füttern und Aufziehen der Jungen und etwas Ähnliches wie die Liebe. Denn es gibt bereits bei ihnen Seelen, und der Trieb zur Gesellung erweist sich auf dieser höheren Stufe als so stark, wie er es weder bei Pflanzen noch bei Steinen oder Holz ist. Bei den vernunftbegabten Lebewesen kommt es dann zur Bildung von staatlichen Gemeinschaften, zu Freundschaften, Familien, Versammlungen und in Kriegen zu Vertrag und Waffenstillstand. Bei den noch höher organisierten Wesen, wie z. B. bei den Gestirnen, liegt auch in gewissem Sinne ein Streben nach Einheit vor, wenn sie auch räumlich getrennt sind. So kann der Aufstieg zum Höheren auch in Wesen, die voneinander getrennt sind, das Gefühl, in einem einheitlichen Kosmos aufgehoben zu sein, das Sich-eins-Fühlen mit dem Kosmos, bewirken. Und nun betrachte das Bild, das sich dir zur Zeit bietet: nur die vernunftbegabten Wesen haben ihren Eifer, ihre Neigung zueinander vergessen, nur an ihnen ist keine Verschmelzung zu entdecken. Und doch fliehen sie nur in die Hand, die sie greift: die Natur bleibt Siegerin. Du wirst es einsehen, wenn du meine Worte genau erfaßt: man findet gewiß eher Erdhaftes, was sich Erdhaftem nicht anschließt, als einen Menschen losgelöst vom Menschen!

Frucht bringen Mensch und Gott und Kosmos, ein jeglicher zu seiner Zeit. Wenn aber der gewöhnliche Sprachgebrauch das Wort im eigentlichen Sinne nur beim Weinstock und bei dergleichen verwendet, so hat das nichts zu besagen. Der Logos trägt als Allvernunft eine gemeinsame und in der Einzelseele eine besondere Frucht, und es geht aus ihm anderes der gleichen Art hervor, der er selbst angehört.

Wenn du kannst, so belehre ihn eines Besseren; gelingt dir das nicht, dann denke daran, daß dir für einen solchen Fall die Güte gegeben ist. Auch die Götter sind gut zu solchen Menschen; in manchem sind sie ihnen sogar behilflich, wie z. B. bei der Gesundheit, dem Reichtum und dem Ruhm; so gnädig sind sie. Auch du kannst gut sein. Oder könnte dich jemand hindern? Nenne ihn mir doch!

Arbeite, aber nicht so, als wäre die Arbeit eine Strafe, oder wie ein Mensch, dem es um Mitleid oder Bewunderung zu tun ist; nur das eine sollst du wollen: deine Kräfte regen und ruhen lassen, wie es die Rücksicht auf die Gemeinschaft verlangt.

Heute habe ich alle Bedrängnis hinter mir gelassen, richtiger: ich habe sie von mir abgeschüttelt. Denn sie lag nicht außerhalb von mir, sondern in mir, in meinen Gedanken.

Alles das ist uns durch die Erfahrung vertraut, der Dauer nach begrenzt, der Substanz nach 'unsauber'. Alles ist jetzt, wie es zur Zeit derer war, die wir begruben.

Die Gegenstände stehen 'draußen vor der Tür', ganz für sich, ohne Bewußtsein und ohne die Möglichkeit, sich zu äußern. Was gibt uns also von ihnen Kunde? Unsere Vernunft.

Nicht was wir erleben, sondern was wir schaffen, macht unser Wohl und Wehe aus, so wie auch Tugend und Laster des vernunftbegabten, auf Gemeinschaft angelegten Lebewesens nicht im Erleben, sondern im Schaffen liegen.

Für den Stein, den man in die Höhe wirft, ist es kein Unglück, hinunterzufallen, so wenig es ein Glück für ihn war, emporgeworfen zu werden.

Dringe in das Innere ihrer Seelen ein, und du wirst sehen, was für Richter du fürchtest, was für Richter sie aber auch selbst in eigener Sache sind!

Alles ist in steter Wandlung begriffen: auch du veränderst dich unausgesetzt und gehst in gewissem Sinne bereits 'hinüber'; auch der Kosmos als Ganzes hat dieses Schicksal.

Die Verfehlung eines anderen läßt man am besten auf sich beruhen!

Das Aufhören einer Tätigkeit, der Abschluß, sozusagen der Tod eines Triebes, eines Gedankens ist kein

Übel. Lenke deinen Blick nunmehr auf die Etappen deines Lebens: deine Kindheit, deine Jünglingsjahre, das Mannestum, das Alter; auch jeder Wechsel der Lebensstufen ist eine Art Tod. Ist das etwas Schlimmes? Sieh jetzt auf das Leben, das du nacheinander unter der Obhut deines Großvaters, der Mutter und dann des Vaters geführt hast, und wenn du sonst noch mancherlei andere Erscheinungen von Untergang, Veränderung und Stillstand entdeckst, dann frage dich: Ist das so schlimm? Auch an dem Aufhören, dem Stillstand und der letzten Verwandlung deines Lebens ist nichts Schlimmes.

Befasse dich mit der eigenen Seele, der des Weltalls und der deines Nächsten: mit der eigenen, damit sie durch dich die rechte Gesinnung bekommt; mit der Weltseele, damit du dir bewußt wirst, wovon du ein Teil bist, mit der deines Nächsten, damit du erfährst, ob in ihr Unwissenheit oder Einsicht herrscht, und du dir zugleich darüber klar wirst, daß sie der deinen verwandt ist.

Wie du selbst mit deiner Person die menschliche Gesellschaft mitaufbaust, so soll auch jede Tat von dir an ihrem Teile die Lebensgemeinschaft der Menschen mit verwirklichen helfen. Jede deiner Taten, die nicht unmittelbar oder mittelbar auf die Verwirklichung dieser Gemeinschaft hinausgeht, zerreißt den Lebenszusammenhang, zerstört die Lebenseinheit und wirkt zersetzend wie der Bürger, der sich für seine Person dem harmonischen Zusammenleben zu entziehen sucht.

So ist das Leben: Kindergezänk und Kinderscherz und eine Menge von Seelen, die sich mit Leichnamen schleppen; die Lehre der Totenschau wird einem da schon erschreckend deutlich!

Richte den Blick darauf, was für eine besondere formende Kraft jedem Gegenstand innewohnt, und betrachte sie vom Stofflichen völlig losgelöst! Dann suche auch genau die Zeit zu bestimmen, die diese besonders qualifizierte Kraft im Höchstfalle noch zu leben vermag.

Zahllose Leiden hast du ertragen müssen, weil du deine Befriedigung nicht allein darin findest, daß deine Seele tut, was ihr aufgegeben ist! Das muß anders werden!

Wenn dich ein anderer tadelt oder haßt oder die Leute das und jenes von dir erzählen, dann sieh dir ihre Seelen an, dringe in ihr Inneres ein und stelle fest, wes Geistes Kind sie sind. Du wirst finden, daß du dich nicht zu beunruhigen brauchst, daß solche Leute so von dir reden. Eine freundliche Gesinnung mußt du ihnen allerdings bewahren, denn sie sind von Haus aus deine Freunde. Auch die Götter helfen ihnen auf mancherlei Art, durch Träume, durch Orakel – allerdings verhelfen sie ihnen zu dem, woran jenen besonders liegt.

In ewig gleichen Kreisbewegungen, hinauf und hinunter und von Ewigkeit zu Ewigkeit wandelt sich der Kosmos. Entweder gibt die Allvernunft den Anstoß zu allem Einzelgeschehen (ist es so, dann nimm ihren Willen in den deinen auf!) oder sie hat sich mit einem einmaligen Anstoß begnügt, während das übrige nach dem Gesetz der notwendigen Folge weiterläuft. Was ficht dich da an? Es wäre ja einigermaßen seltsam, wenn es (nur) Atome oder unteilbare Größen geben soll. Und die Hauptsache: wenn ein Gott die Welt

regiert, ist alles gut; regiert der Zufall, dann mußt du sehen, daß er nicht auch dein Leben beherrscht!
Bald wird uns alle die Erde bedecken, dann wird sie sich selbst ‘wandeln’, und das Neue wird sich ins Unendliche wandeln und dieses wieder ins Unendliche. Wer die wellenförmige Aufeinanderfolge der Umgestaltungen und Änderungen und die Schnelligkeit ermißt, mit der Welle auf Welle folgt, der wird nichts Irdisches mehr besonderer Beachtung würdigen.

Die Urkraft des Alls ist wie ein Gebirgsbach; alles trägt sie mit sich davon. Wie unbedeutend sind selbst die politischen und, wie sie meinen, dabei philosophisch verfahrenden Männer! In ihrem Kopf steckt doch nur dummes Zeug. ‘Ja, lieber Mann, was soll ich denn da tun?’ Was die Natur jetzt von dir fordert. Geh ans Werk, wenn es dir vergönnt ist, und sieh dich nicht lange um, ob man es auch sehen wird. Hoffe nicht darauf, den platonischen Staat zu verwirklichen, sondern laß dir genügen, wenn es auch nur im kleinsten vorangeht, und würdige den darin liegenden Fortschritt, so bescheiden er ist. Denn wer kann die Ansicht der Menschen ändern? Was aber bleibt ohne eine Änderung ihrer Ansichten anderes übrig als die Sklaverei stöhnender Menschen, die nur so tun, als ob sie gehorchten? Komm mir nur mit erlauchten Namen und sprich von Alexander, Philipp und Demetrius von Phaleron! Mögen die selbst zusehen, ob sie begriffen haben, was die Allnatur wollte, und ob sie sich selbst in diesem Sinne erzogen haben! Wenn sie aber nur schlecht und recht ihre Rolle gespielt haben, dann verdammt mich keiner dazu, sie ihnen nachzuspielen. Einfach und bescheiden ist die Arbeit der Philosophie; verführe mich nicht zu gespielter Würde!

Sieh wie von einer höheren Warte auf die unzähligen Herden, die unzähligen Religionsbräuche, die mancherlei Fahrten in Stürmen und bei ruhiger See, das Durcheinander von Werdendem, Sichvereinendem und Hinübergehendem! Überleg dir dazu noch das von anderen einst gelebte Leben, das Leben, das nach dir gelebt werden wird, und das, was fremde Völker jetzt führen: wie viele kennen nicht einmal deinen Namen, wie viele werden ihn nur zu schnell vergessen, wie viele, die dich heute vielleicht loben, werden dich morgen tadeln. Weder Ruhm noch Ansehen taugen – es ist überhaupt nichts der Rede wert.

Unerschütterliche Ruhe bei Ereignissen, die eine äußere Ursache haben, Rechtlichkeit in allem Tun, was seinen Ursprung in dir hat! Das bedeutet: Erstrebe in Ansatz und Ausführung nur die Förderung der Gemeinschaft, überzeugt, daß es so deiner Natur entspricht.

Du kannst dich von manchem, was dich unnötig quält, freimachen: es besteht ja nur in deiner Einbildung. Du kannst dann ein weites Betätigungsfeld für dich finden, wenn du den ganzen Kosmos mit deinem Geiste umfaßt, die Ewigkeit der Zeit bedenkst, die rasche Umwandlung betrachtest, die jeder Gegenstand in seinen Teilen durchmacht, und die Kürze der Zeit von der Geburt bis zur Auflösung und die unvorstellbare Länge der Zeit vor der Geburt überdenkst, die so endlos ist wie die Zeit nach der Auflösung.

Alles, was du siehst, wird sehr bald zugrunde gehen, und die Menschen, die seinen Untergang mitansehen, werden selbst bald der Auflösung verfallen. Und wer als hochbetagter Greis stirbt, wird nichts vor dem voraushaben, der vor der Zeit stirbt.

Was für eine arme Seele haben diese Menschen, wie wertlos ist das, was sie mit soviel Eifer erstreben, was für unedle Motive bewegen sie zu Liebe und Haß! Gewöhne dich daran, ihre Seelen nackt zu sehen! Welch törichter Wahn, wenn sie glauben, mit ihrem Tadel zu schaden, mit ihrem Lob zu nützen!

Der Verlust ist nichts anderes als eine Umwandlung. Am Umwandeln hat die Allnatur ihre Freude, nach deren Willen alles so, wie es heute geschieht, genauso seit Ewigkeiten geschah und bis in ferne Ewigkeiten weiter geschehen wird. Wie kannst du sagen, die bisherige Entwicklung sei in jeder Beziehung unerfreulich gewesen und es werde auch weiterhin alles unerfreulich bleiben und trotz der vielen Götter gebe es keine Kraft, die da Ordnung schaffe, die Welt sei vielmehr dazu verurteilt, ewig in den Ketten endloser Leiden zu schmachten?

Wenn die leibliche Substanz, die die Grundlage von uns allen ist, verfault, dann bleiben Wasser, Staub, Knochen und üble Düfte übrig. Oder weitere Gedanken auf der gleichen Ebene: Marmor ist nur verhärtete Erde, Gold und Silber Bodensatz, unsere Kleidung Tierhaar, Purpurfarbe Blut und was es sonst noch an ähnlichen Entdeckungen gibt. Auch unser Lebensatem gehört dahin: auch er verwandelt sich aus einem in das andere.

Genug mit diesem elenden Leben, der ewigen Unzufriedenheit und dem albernen Gebaren! Was regst du dich auf? Was ist daran neu? Was bringt dich denn aus der Fassung? Die gestaltende Kraft? Sieh sie dir doch an! Der Stoff? Untersuche ihn; außer beiden gibt es nichts weiter. Aber werde in Gottes Namen endlich einmal etwas einfacher und besser! Es ist das gleiche, ob du den Lauf der Welt hundert Jahre oder nur drei erforschst.

Wenn er einen Fehler begangen hat, dann hat er den Schaden davon; vielleicht hat er aber gar keinen begangen.

Entweder geht alles, wie es den einen Weltkörper trifft, auch aus einer einzigen Quelle, der Weltvernunft, hervor, und es darf sich der Teil nicht über das beklagen, was zum Wohle des Ganzen geschieht, oder es gibt nur Atome und nichts anderes als deren Vermischung und Trennung. Was beunruhigst du dich also? Sag doch zu deiner Seele: Du bist innerlich schon gestorben, bist verkommen, vertiert, voller Verstellung, du bist ein Herdentier und lebst auch danach!

Entweder haben die Götter keine Macht oder sie haben Macht. Haben sie keine, was betest du dann? Haben sie Macht, warum betest du nicht vordringlich darum, sie möchten dir die Kraft geben, nichts von den Dingen der Welt zu fürchten, nichts zu begehren, über nichts traurig zu sein, statt dir das eine oder andere zu versagen oder zu gewähren? Wenn sie nämlich den Menschen helfen können, dann können sie ihnen bestimmt auch dazu verhelfen. Aber vielleicht wirst du entgegnen: 'Das haben die Götter in meine Hand gegeben.' Ist es dann nicht besser, du bedienst dich in Freiheit der dir belassenen Möglichkeiten, als daß du mit den Dingen, die nicht in deine Hand gegeben sind, ohnmächtig wie ein Sklave haderst? Wer aber hat dir gesagt, daß die Götter nicht auch bei dem mit zugreifen, was an sich 'in unserer Macht' steht? Mach doch einmal einen

Anfang mit solchen Gebeten, und du wirst es begreifen. Der eine betet: 'Schenkt mir eine Nacht, Seite an Seite mit der Geliebten!' Du betest: 'Gebt mir die Kraft, nicht nach einer Nacht mit ihr zu verlangen!' Ein anderer fleht: 'Macht mich frei von diesem Übel!' Du betest: 'Laßt mich solcher Erlösung gar nicht erst bedürfen!' Ein anderer betet: 'Laßt mich mein Kind nicht verlieren!' Du sprichst: 'Nehmt mir die Angst vor einem möglichen Verlust!' Gib allen deinen Gebeten diese Richtung und sieh, wieviel damit gewonnen ist!

Epikur sagt: 'Während meiner Erkrankung führte ich keine Gespräche über meine körperlichen Empfindungen und unterhielt mich auch mit meinen Besuchern nicht über dieses Thema; ich beschäftigte mich vielmehr in dieser ganzen Zeit mit den Grundlagen der Naturwissenschaft und war gerade bei der Frage, wie die Seele, die doch von den mancherlei Bewegungen im Körper in Mitleidenschaft gezogen wird, sich ihre unerschütterliche Ruhe bewahren und damit ihren besonderen Wert unangefochten erhalten kann; ich gab auch den Ärzten keine Möglichkeit, sich aufs hohe Pferd zu setzen, als ob sie etwas schafften, sondern mein Leben ging von allein in der erfreulichsten Weise weiter.' Wenn du einmal krank wirst, solltest du so handeln, wie er während seiner Erkrankung, verfahre aber auch in anderen Lebenslagen so. Denn darin stimmen alle philosophischen Schulen überein, daß man der Philosophie in keiner Lebenslage untreu werden dürfe und zwecklose Gespräche mit Leuten meiden solle, die von Philosophie und Naturwissenschaft nichts verstehen. Man soll sich allein auf das einstellen, was zur Zeit zu tun ist, und auf das Werkzeug, dessen man sich dabei bedient.

So oft du an der Unverschämtheit eines Menschen Anstoß nimmst, mußt du dich sofort fragen: 'Ist es denn überhaupt möglich, daß es in der Welt gar keine unverschämten Menschen gibt?' Es ist unmöglich; verlange also nicht das Unmögliche! Auch das hier ist einer von jenen Unverschämten, die es nun einmal in der Welt geben muß. Dieselbe Frage mußt du bei dem Gauner, dem Unzuverlässigen und jedem Sünder auf irgendeinem Gebiete bereithalten. Denn sobald du dir klarmachst, daß es Menschen dieser Sorte unweigerlich geben muß, wirst du gegen den einzelnen Vertreter milder gestimmt sein. Es empfiehlt sich auch sehr, gleich mit zu überlegen, welche Tugend die Natur dem Menschen als Mittel gegen die vorliegende Sünde gegeben hat. Denn sie hat ihm als Gegengift gegen den Verstockten z. B. die Sanftmut, gegen einen anderen Sünder eine andere Tugend verliehen. Du hast ja überhaupt die Möglichkeit, dem Irrenden den rechten Weg zu zeigen; jeder Sünder verfehlt – sein Ziel und tappt im Finstern umher. Was hast du auch schon für einen Schaden erlitten? Du wirst feststellen, daß keiner von denen, die dich erzürnt haben, etwas getan hat, was deine Seele hätte schlechter machen können; und allein darin, in einer Verschlechterung deiner Seele, kann das begründet sein, was du deinen Schaden, dein Unglück nennst. Was ist denn schon Schlimmes oder Unerhörtes geschehen, wenn sich ein Mann ohne Bildung ungebildet benimmt? Hüte dich, daß du dir nicht vielmehr selbst einen Vorwurf machen mußt, weil du diesen Fehler bei diesem Menschen nicht vorausgesehen hast. Denn dir gab die Vernunft Gelegenheit genug, zu bedenken, daß der Fehler bei ihm vorauszusehen war, aber du achtetest nicht darauf und wunderst dich gar noch, wenn er den Fehler begangen hat. Blick vor allem in die eigene Seele, wenn du jemand wegen Unzuverlässigkeit oder Undankbarkeit tadeln willst. Denn offensichtlich liegt der Fehler bei dir, ob du nun von einem Menschen mit der Veranlagung zur Unzuverlässigkeit geglaubt hast, er werde sein Wort halten, oder ob du jemand etwas Gutes getan hast, aber eben nicht ganz selbstlos und nicht in der Einstellung, den ganzen Lohn gleich in der guten Tat selbst empfangen zu haben. Denn was willst du eigentlich sonst noch, wenn du einem Menschen etwas Gutes tust? Genügt es dir nicht, daß du einer natürlichen Neigung von dir folgen durftest? Willst du noch eine Belohnung dafür? Das wäre gerade so, als verlangte das Auge eine Entschädigung dafür, daß es sieht, oder die Füße, daß sie laufen. Denn so wie diese Glieder zu einem bestimmten Zweck geschaffen sind und ihren Lohn darin finden, diesen Daseinszweck ihrer besonderen Veranlagung entsprechend erfüllen zu dürfen, so hat auch der Mensch, der zum guten Handeln geboren ist, mit einer guten oder sonst gemeinnützigen Tat nur im Sinne seiner Zweckbestimmung gehandelt und seinen Lohn dahin.

IX, 42

ZEHNTES BUCH

Willst du nicht endlich gut, arglos, mit dir selbst einig und aufrichtig sein, meine Seele, durchsichtiger als der dich umgebende Körper? Willst du dich nicht endlich in den Genuß des Glückes bringen, die Menschen von ganzem Herzen zu lieben? Wirst du nicht endlich einmal satt und zufrieden und ersehnst und verlangst nicht weiter Beseeltes oder Unbeseeltes, nur um Lust empfinden zu können: nicht mehr Zeit, damit du länger genießen kannst, nicht ein anderes Heim oder Land oder ein beglückenderes Klima oder sympathischere Menschen? Wann wirst du dich lieber mit deiner Lage, wie sie zur Zeit ist, zufrieden geben und dich über alles freuen, was dein ist, und dir dabei klarmachen, daß du alles, was dir beschieden ist, der Gnade der Himmlischen verdankst? Daß alles zu deinem Glück ist und sein wird, was ihnen gefällt und was sie zur Erhaltung des allein vollkommenen Wesens, des Kosmos, schicken werden, der gut, gerecht und schön ist, alles erzeugt und zusammenhält, umfaßt und umschließt, was sich nur auflöst, um anderem Wesensgleichen ins Leben zu verhelfen? Kommst du nun endlich einmal dahin, so mit Göttern und Menschen zusammenzuwirken, daß du weder ihnen etwas vorwirfst noch dich ihrer Verurteilung aussetzt?

Beachte, was deine Natur von dir verlangt als einem Wesen, das ganz von der Allnatur durchwaltet wird. Dann verfahre danach und laß es geschehen, wenn du dich als animalisches Wesen dabei nicht verschlechterst. Beachte ferner, was die animalische Natur von dir verlangt, und nimm das alles hin, wenn sich das Vernunftwesen in dir damit nicht in seinem Bestande verschlechtert. Mit Vernunft begabt sein ist übrigens nahezu dasselbe wie mitmenschlich fühlen. So halte dich denn an diese Richtlinien und gib dich nicht mit zwecklosen Dingen ab!

Alles, was dich im Leben trifft, trifft dich entweder so, daß du es tragen oder daß du es nicht tragen kannst. Trifft es dich so, daß du es tragen kannst, dann grolle nicht, sondern trag es, so gut du kannst. Grolle ebensowenig, wenn es deine Kraft übersteigt: denn es wird dich vernichten, ehe du dazu kommst zu grollen. Denke jedoch daran, daß du die Kraft hast, alles zu tragen, was dir die gedankliche Vorstellung, daß es nützlich oder deine Pflicht ist, so zu handeln, einigermaßen erträglich machen kann.

Wenn sich dein Nächster irrt, dann belehre ihn freundlich eines Besseren und zeige ihm, was er übersehen hat. Kannst du das nicht, dann mußt du dir selbst die Schuld geben oder auch dir nicht.

Was dir auch geschehen mag, es war seit Ewigkeiten für dich vorgesehen, und die Verkettung der Ursachen verwob dein Dasein von Anbeginn an mit deinem jeweiligen Erleben.

Entweder besteht die Welt aus Atomen, oder sie ist ein einheitliches Gefüge. (Ist sie das letztere), dann laute der erste Glaubenssatz: Ich bin ein Teil des Ganzen, das von der Natur durchpulst ist; der zweite: Ich stehe in verwandtschaftlichen Beziehungen zu den verwandten Teilen. Wenn ich daran denke, daß ich ein Teil bin, werde ich über nichts grollen, was mir von dem Ganzen zugeteilt wird. Es ist ja nichts für den Teil schädlich, was dem Ganzen nützt; denn das Ganze enthält nichts, was ihm nicht dienlich wäre. Das gilt für alles natürlich Gewordene; die Allnatur selbst hat noch den weiteren Vorzug, daß sie von keiner von außen einwirkenden Kraft gezwungen werden kann, etwas zu erzeugen, was ihr schädlich ist. Wenn ich mir also bewußt bin, daß ich Teil eines solchen Ganzen bin, dann werde ich mich gern in jedes Erleben schicken. Kraft der verwandtschaftlichen Beziehung zu den verwandten Teilen werde ich nichts wider den Geist der Gemeinschaft tun, mich des Verwandten vielmehr annehmen und alle meine Kraft auf das Wohl der Gesamtheit richten und vom Gegenteil ablenken. Führt man das wirklich so durch, dann kann das Leben nicht anders als glücklich verlaufen, so wahr man sich auch das Leben eines Bürgers als beglückt vorstellt, der von einer für die Bürger nützlichen Tat zur anderen schreitet und gutheißt, was ihm die Gemeinschaft zukommen läßt.

Die Teile des Ganzen, die kraft des Naturgesetzes vom Kosmos umschlossen sind, müssen einmal zugrunde gehen oder, mit dem eigentlichen Begriff gesagt, 'umgewandelt' werden. Wenn das von Natur ein Übel, und zwar ein notwendiges für sie wäre, dann führe das Ganze angesichts der ständigen Umwandlung der Teile und ihrer Bestimmung, früher oder später zugrunde zu gehen, wenig gut dabei. Hat sich die Natur selbst dazu bereit gefunden, ihre Teile zu schädigen, sie ins Unglück, und zwar zwangsläufig ins Unglück geraten zu lassen, oder entging es ihr, daß derartiges geschieht? Nein, es ist beides nicht anzunehmen. Wenn aber jemand von der Natur als gestaltender Kraft absähe und diese Vorgänge allein aus der naturgegebenen Anlage erklären wollte, wäre auch das keine Lösung: wie töricht, zu behaupten, die Teile des Ganzen wären von der Natur zur Umwandlung bestimmt, zugleich aber darüber erstaunt und entrüstet zu sein wie über einen wider die natürliche Ordnung verstoßenden Vorgang, zumal die Umwandlung in die Grundstoffe erfolgt, aus denen jeder einzelne Gegenstand aufgebaut ist. Denn entweder liegt ein Zerfall der Elemente vor, aus denen er sich zusammensetzte, oder die Umwandlung der festen Substanz in die erdige, des Hauchartigen in die Luft, so daß auch diese in den schöpferischen Urgrund des Weltalls zurückgenommen werden, mag dieses nun in regelmäßigen Abständen in Feuer aufgehen oder sich in ewigem Wechsel erneuern. Du darfst dir unter dem Festen und dem Hauchartigen übrigens nicht das vorstellen, was bei der Urzeugung an solchen Qualitäten entstand. Denn diese Substanzen haben sich alle erst gestern und vorgestern aus den Speisen und der eingeatmeten Luft angereichert. Dies nachträglich Aufgenommene wird umgewandelt, nicht was die Allmutter Natur gebar. Der Einwand, die Natur habe dich in deiner individuellen Eigenart zu eng mit jenem verflochten, hat mit der vorliegenden Frage in Wahrheit nichts zu tun.

Wenn du dir als guter, bescheidener, wahrheitsliebender, verständiger, gottergebener und hochsinniger Mann einen Namen gemacht hast, dann hüte dich, ihn wieder zu verlieren; und wenn du ihn verlierst, dann suche ihn

dir bald wieder zu verdienen! Bedenke aber, daß das Wort 'verständig' deine rege Aufmerksamkeit, und zwar die ausschließlich auf den jeweiligen Gegenstand gerichtete meint, das Wort 'gottergeben' die willige Hinnahme des dir von der Allnatur Zugeteilten, das Wort 'hochsinnig' die Erhebung des denkenden Teiles über sanfte oder heftige Regungen des Fleisches, über den Ruhm, den Tod und was es dergleichen noch gibt. Wenn du dir diese rühmlichen Bezeichnungen zu erhalten weißt, ohne danach zu verlangen, daß du von anderen darauf angesprochen wirst, dann wirst du ein anderer Mensch werden und ein anderes Leben anfangen. Denn wenn du weiter so bleibst, wie du bis jetzt gewesen bist, und dich weiter mit einem so zweifelhaften Dasein quälst und belastest, dann macht das doch sehr den Eindruck moralischer Abgestumpftheit und eines übersteigerten Lebenshungers, und du gleichst den halbzerfleischten Tierkämpfern, die, voll von Blut und Staub, dennoch fordern, man solle sie für den nächsten Tag aufheben, damit sie in dieser Verfassung erneut den Krallen und Bissen der Bestien ausgesetzt werden. Diese wenigen Ehrentitel sollst du dir aneignen; und wenn du dich in ihrem Besitz behaupten kannst, dann bleibe bei ihnen, als wärest du auf die Inseln der Seligen entrückt! Wenn du aber merkst, daß du aus ihrem Besitz vertrieben wirst und dich nicht halten kannst, dann zieh dich getrosten Mutes in einen Winkel deiner Seele zurück, wo du den Sieg wiedererringen kannst, oder verzichte endgültig auf das Leben, aber nicht im Unmut, sondern in sachlicher Ruhe, mit innerer Freiheit und würdiger Haltung; hast du dann doch wenigstens das eine in deinem Leben erreicht: daß du so zu sterben weißt.
Das Gedenken an diese Ehrentitel wird dir wesentlich

erleichtert werden durch die Erinnerung an die Götter: sie wollen auch nicht, daß man ihnen schmeichelt, sondern daß ihnen alle vernünftigen Wesen ähnlich zu werden suchen und daß der Mensch seiner Aufgabe als Mensch so gerecht wird, wie Feige, Hund und Biene ihre Bestimmungen als Feige, Hund und Biene erfüllen.

Pest, Krieg, Schrecken, Erstarren, sklavische Gesinnung werden täglich in deiner Seele alle jene geheiligten Grundsätze wieder verwischen, die ohne das Studium der Naturwissenschaft nur leere Vorstellungen sind, die du übersiehst. Du solltest aber alles so anschauen und tun, daß du zur gleichen Zeit die in den Umständen liegenden Aufgaben erfüllst, das reine Denken betätigst und das Selbstvertrauen, das du aus einer umfassenden Kenntnis des einzelnen gewinnst, in aller Stille bewahrst, ohne es darum vor anderen geheimzuhalten. Wann wirst du endlich die Freuden genießen, die die Lauterkeit des Herzens verleiht, wann die Freuden ernster Würde, wann die beglückende Erkenntnis, was das einzelne seinem Wesen nach ist, welchen Platz es im Kosmos einnimmt, wieviel Lebensdauer ihm von der Natur gegeben ist, aus welchen Elementen es sich zusammensetzt, wem es zur Verfügung steht und wer es geben und wegnehmen kann?

Eine kleine Spinne ist ganz stolz, wenn sie eine Fliege gefangen hat, mancher Mensch, wenn er ein Häschen, ein anderer, wenn er in seinem Netz einen winzigen Fisch, ein anderer, wenn er kleine Wildschweine oder Bären, ein anderer, wenn er – Sarmaten gefangen hat. Sind sie nicht alle Räuber, wenn du sie auf ihre Gesinnungen prüfst?

Suche die Frage, wie sich alles ineinander umwandelt, in wissenschaftlicher Forschung zu lösen, widme dich dieser Aufgabe ohne Pause und erwirb dir auf diesem Forschungsgebiet eine gewisse Übung; denn kaum etwas ist so geeignet, dir zu großen Gedanken zu verhelfen. Wer sich dieser Arbeit verschreibt, hat den Körper gleichsam schon abgestreift, und in dem Bewußtsein, daß er sehr bald alles Irdische hinter sich lassen und aus der menschlichen Gemeinschaft ausscheiden muß, ergibt er sich in dem, was er selbst zu tun hat, ganz der Gerechtigkeit, in dem, was ihm widerfährt, der Allnatur. Was aber ein anderer von ihm sagen oder denken oder gegen ihn unternehmen könnte, das zu bedenken, kommt ihm gar nicht in den Sinn; er ist ganz erfüllt von dem zweifachen Glück, die Forderung des Tages zu erfüllen und sein Schicksal zu bejahen. Alle Ablenkungen und jede Form von Ehrgeiz hält er fern: er will nichts anderes, als durch die Erfüllung des moralischen Gesetzes den geraden Weg der sittlichen Läuterung gehen und der Gottheit folgen, die auch den geraden Weg zu ihrer Vollendung geht.

Hast du es nötig, dich in Vermutungen zu ergehen, wenn es dir möglich ist, deine Aufgabe klar zu erkennen, und wenn du sie erkannt hast, willig und unbeirrt den Weg der Pflicht zu gehen, wenn du sie aber nicht begreifst, innezuhalten und die besten Ratgeber zu befragen? Wenn dir aber etwas anderes dabei hindernd in den Weg tritt, dann geh so weit vor, wie es im Augenblick möglich ist, und laß dich in deinen Gedanken nur von dem leiten, was du für rechtschaffen hältst; denn es ist das Beste, das zu verwirklichen, da eine Verfehlung nur in einem Abweichen von der Redlichkeit bestehen könnte. Wer der Vernunft in allem folgt, ist ruhig und dabei doch beweglich, strahlend heiter und dabei doch von verhaltenem Ernst.

Frage dich, sobald du erwacht bist: 'Es wird dir doch nichts ausmachen, wenn ein anderer tut, was gerecht und schön ist?' 'Nein.' 'Du hast hoffentlich nicht vergessen, was für armselige Zeitgenossen auf ihrem Lager oder bei Tisch die Menschen sind, die sich – wer weiß wie – bedeutend vorkommen, wenn sie andere loben oder tadeln, was diese Menschen tun, was sie fliehen und verfolgen, was sie rauben und stehlen – nicht mit Händen und Füßen, sondern mit dem wertvollsten Teile, der Treue, Ehrgefühl, Wahrhaftigkeit, feste Grundsätze und eine gute Gesinnung im Menschen schaffen könnte, wenn er nur wollte.

Zu der Natur, die alles gibt und wieder nimmt, sagt der geläuterte, gottergebene Mann: 'Gib, was du willst, nimm hin, was du willst!' Das sagt er aber nicht im Trotz, sondern aus reinem Gehorsam und aus Zuneigung zu ihr.

Es ist dir nur noch eine kurze Frist gegeben. Lebe wie auf einem Berge! Es macht nichts aus, ob du dort oder hier lebst, wenn du überall wie ein Bürger des Kosmos lebst. Die Leute sollen in dir einen wahren Menschen, einen, der dem Gebot der Natur folgt, sehen und kennenlernen. Wenn sie das nicht ertragen können, sollen sie dich töten; denn es ist besser zu sterben als so zu leben wie sie.

Man sollte über die Eigenschaften eines guten Mannes gar kein Wort mehr verlieren, sondern selbst einer sein!

Halte dir immer die Unendlichkeit der Zeit und der Weltsubstanz vor Augen und bedenke, daß sich all die einzelnen Dinge auf Erden vor der Allsubstanz wie ein Feigenkorn, vor der unendlichen Zeit wie die Umdrehung eines Drillbohrers ausnehmen!

Bedenke beim Blick auf die Gegenstände der Sinnenwelt, daß sich jeder bereits in Auflösung und Umwandlung, gewissermaßen in Zersetzung oder Zerfall befindet oder daß gleichsam alles zum Sterben geboren ist.

Was ist der Mensch! Stelle sie dir nur vor, wie sie essen, schlafen, sich paaren, entleeren und so weiter! Dann, wie sie die Herren spielen, sich in die Brust werfen oder ungnädig sind und von oben herab andere anfahren! Vor wieviel Leuten und um welchen Lohn krochen sie noch vor kurzem, und über ein kleines findest du sie in solcher Gesellschaft!

Jeden fördert, was ihm die Allnatur bringt, und jeden fördert sie gerade dann, wenn sie ihn beschenkt.

'Die Erde lechzt nach Regen, es lechzt der hehre Äther' – das Weltall lechzt danach, das zu verwirklichen, was im Schoße der Zukunft liegt. Daher sage ich zum All: 'Dein Verlangen ist auch das meine.' Gebraucht man nicht auch das Wort: 'Es drängt zum Licht!' in ähnlichem Sinne?

Entweder lebst du hier und hast dich nun eingewöhnt oder du gehst fort von hier und hast es so gewollt oder du stirbst und hast es geschafft. Darüber hinaus gibt es nichts. Sei also heiteren Gemütes!

Das soll dir immer klar sein: so sieht ein Acker aus und so wird er immer aussehen, und alle Dinge, die du hier siehst, sind denen oben auf dem Berge oder am Meeresstrande oder an einem beliebigen Orte gleich. Denn du wirst die Worte Platons bestätigt finden, der von einem Manne spricht, 'der auf dem Berge rings um die Herde eine Hürde anlegt', und vom 'Melken der Schafherden'.

Was bedeutet mir meine Seele, was mache ich jetzt aus ihr und wofür setze ich sie eigentlich ein? Sie ist hoffentlich nicht arm an Geist, von der Gemeinschaft abgetrennt und losgerissen, dem Fleische verhaftet und mit ihm gar eins geworden, so daß sie seinen Bewegungen folgen muß?

Wer seinem Herrn entläuft, ist ein Ausreißer. Herr aber ist das Gesetz, und wer ihm zuwiderhandelt, ist ein Ausreißer. Das trifft in gleicher Schwere auch den, der – voller Trauer oder Zorn oder Furcht – nicht möchte, daß geschehen ist oder jetzt oder später geschieht, was die das All bewegende Kraft angeordnet hat; denn sie ist nichts anderes als das Gesetz, das da 'festsetzt', was den einzelnen zu seinem Teile trifft. Wer da in Furcht, Betrübnis oder Zorn ist, ist ein Deserteur.

Der Mann vertraut dem mütterlichen Schoß den Samen und begibt sich seiner damit. Nun übernimmt ihn eine andere Kraft und erwirkt und vollendet die Bildung des Kindes: welches Wunder der Natur ist aus dem winzigen Keim geworden! Das Kind schluckt seinerseits die Nahrung durch die Kehle hinunter, und wieder übernimmt eine andere Kraft weiterhin diese

Speise und schafft Empfindung, Trieb, überhaupt Leben und Kraft und vieles andere von nicht geringerer Bedeutung daraus. Studiere diese Vorgänge, die sich in solcher Verborgenheit abspielen, und erkenne die wirkende Kraft so, wie wir die sehen, die die Gegenstände nach dem Gesetz der Schwere zu Boden senkt oder nach dem des Auftriebs in die Höhe hebt – freilich nicht mit den leiblichen Augen, aber darum nicht weniger deutlich!

Bedenke immer, daß alles, was sich jetzt ereignet, auch schon früher so geschah und später wieder so geschehen wird! Stelle dir ganze Schauspiele und Szenen in ihrer Gleichartigkeit vor Augen, wie du sie aus deiner eigenen Erfahrung oder der älteren Geschichte kennst: das ganze Hofleben unter Hadrian, unter Antoninus, Philipp, Alexander oder Croesus; es sind immer die gleichen Stücke, nur die Darsteller haben gewechselt.

Du mußt dir jeden, der über irgend etwas betrübt oder verbittert ist, wie ein Ferkel vorstellen, das geschlachtet wird und nun mit den Füßen ausschlägt und quiekt. Dem verwandt ist auch der Mensch, der im stillen auf seinem einsamen Lager die Ketten beklagt, die ihn ans Dasein fesseln. Mach dir klar, daß allein dem vernunftbegabten Wesen die Freiheit gegeben ist, das Schicksal in den eigenen Willen aufzunehmen, daß die Ergebung in das Schicksal aber für alle schlechthin eine Notwendigkeit ist.

Denk über jede einzelne deiner Handlungen nach und frage dich, ob der Tod für dich etwa deshalb etwas Schreckliches ist, weil du dann nicht mehr so handeln kannst!

Wenn du an dem Vergehen eines anderen Anstoß nimmst, dann wende dich gleich dir selbst zu und überleg dir, welchen ähnlichen Fehler du hast, ob du z. B. auch das Geld oder die Sinnenfreude oder den Ruhm und dergleichen mehr als wertvoll ansiehst. Wenn du dich damit beschäftigst, wirst du nämlich bald deinen Unmut vergessen, besonders wenn dir dabei noch einfällt, daß der andere unter Zwang handelt. Denn was kann er anderes tun? Oder befreie ihn doch von seiner Unfreiheit, wenn du dazu in der Lage bist!

Wenn du den Satyrion siehst, dann denk an Sokratikus oder Eutyches oder Hymen, beim Anblick des Euphrates an Eutychion oder Silvanus, beim Anblick des Alkiphron an Tropaiophoros, wenn du den Xenophon siehst, an Kriton oder Severus, und wenn du dich selbst ansiehst, dann denk an einen der Kaiser und so in jedem Einzelfalle an das Vergleichbare! Dann mag dir einfallen: Wo sind sie jetzt? Nirgends oder wer weiß wo! Auf diese Weise wirst du nämlich das Menschenleben immer nur als Rauch, als ein Nichts ansehen, vor allem, wenn du dabei bedenkst, daß das einmal Umgewandelte auf ewig dahin ist. Was quälst du dich also? Warum bist du nicht damit zufrieden, die kurze Lebensstrecke mit Anstand zu durchlaufen? Vor welchen Dingen und Aufgaben graut dir? Was sind denn alle irdischen Dinge anderes als Übungsmaterial für die Vernunft, die die Ereignisse des menschlichen Lebens mit scharfer Beobachtung erfaßt und ihre natürlichen Ursachen untersucht? Bleibe also, bis du dir auch diese Erkenntnisse angeeignet hast, wie ein starker Magen alles verarbeitet, wie das lodernde Feuer alles in Glut und Lichtschein wandelt, was du hineinwirfst.

Niemand soll mit Recht von dir sagen dürfen, du seist nicht offen oder nicht gut; ein Lügner sei vielmehr jeder, der so etwas von dir auch nur denkt. Alles das aber steht in deiner Macht; denn wer kann dich hindern, gut und ehrlich zu sein? Du mußt nur dann entschlossen sein, nicht mehr weiterzuleben, wenn du nicht so bleiben kannst, wie es dir vorschwebt. Denn das verlangt auch die Vernunft nicht, daß du leben bleibst, ohne etwas wert zu sein.

Was läßt sich bei dieser Sachlage vernünftigerweise tun oder sagen? Es sei, was es sei; man kann es jedenfalls tun oder sagen, und du solltest dich nicht damit entschuldigen wollen, du würdest daran gehindert.
Du wirst mit deinen Klagen nicht aufhören, ehe du nicht dahin gelangst, daß es, wie für die Genießer die Schwelgerei, für dich eine Wonne ist, bei jedem sich bietenden Anlaß so zu handeln, wie es der menschlichen Bestimmung entspricht. Denn du mußt alles als einen Genuß empfinden, was du deiner Veranlagung entsprechend tun kannst; das aber kannst du überall. Der Walze ist es freilich nicht allenthalben gegeben, die ihr eigene Bewegung auszuführen, auch nicht dem Wasser oder Feuer oder allem anderen, was von der Natur oder einer vernunftlosen Seele regiert wird; denn dort gibt es zahlreiche Hemmungen und Hindernisse. Geist und Vernunft aber können durch jedes Hindernis so hindurchgehen, wie es ihren natürlichen Möglichkeiten und ihrem Willen entspricht. Vergegenwärtige dir die Selbstverständlichkeit, mit der die Vernunft alles durchdringt, während das Feuer nur emporlodert, der Stein nur hinabfällt, die Walze sich nur auf abschüssiger Bahn bewegt, und verlange dann nicht nach mehr. Denn die anderen Hemmungen treffen entweder den lebenden

Leichnam deines Körpers, oder sie können uns ohne unser Für-wahr-halten und die Nachgiebigkeit der Vernunft selbst weder zerbrechen noch etwas Böses zufügen oder sonst etwas tun; denn sonst müßte ja der von ihnen Betroffene im Augenblick schlecht werden. Bei allen anderen Geschöpfen verschlechtert sich jedenfalls das von irgendeinem Übel betroffene Exemplar seiner Gattung damit entsprechend; hier dagegen wird der Mensch, wenn man das so sagen darf, sogar noch stärker und der Anerkennung würdiger, wenn er nur mit dem, was ihm widerfährt, in der richtigen Weise fertig wird. Sei dir überhaupt darüber im klaren, daß den wahren Bürger nichts schädigt, was dem Staate nicht schadet, und daß diesem nichts schadet, was dem Gesetz nicht schadet. Von diesen sogenannten Unglücksfällen schadet aber keiner dem Gesetz. Was aber dem Gesetz nicht schadet, schadet natürlich auch weder dem Staate noch dem Bürger.

Dem Manne, der von den Grundsätzen der Wahrheit ganz durchdrungen ist, genügt auch der kürzeste, beinahe triviale Ausspruch als Mahnung, sich von Schmerz und Furcht freizumachen, z. B. 'der Wind schüttelt die Blätter auf die Erde nieder: so ergeht es auch dem Geschlecht der Menschen'. Blätter sind auch deine Kinder, Blätter die Menschen, die dir 'ganz recht!' zurufen und zujubeln oder auf der anderen Seite diejenigen, die dich verwünschen oder insgeheim tadeln und verspotten, Blätter sind nicht weniger auch die Menschen, die unseren Ruhm in die Zukunft hineintragen. Denn sie alle 'sprossen zur Frühlingszeit', dann schlägt sie der Wind herunter, und der Wald läßt andere an ihrer Stelle wachsen. Die Kürze der Lebenszeit ist ihnen allen gemeinsam; du aber fliehst und erstrebst alles, als ob es ewig währte. Über ein kleines, und auch du wirst die Augen schließen – den, der dich begrub, wird bald ein anderer beweinen.

Das gesunde Auge muß bereit sein, alles Sichtbare zu sehen, und darf nicht sagen: 'Ich will nur das Grüne sehen.' Denn das wäre das Kennzeichen eines Augenkranken. Auch der gesunde Gehörs- und Geruchssinn muß zu allem bereit sein, was es zu hören und zu riechen gibt, der gesunde Magen sich zu allen Nahrungsmitteln so einstellen wie die Mühle zu allem, was sie zu zermahlen bestimmt ist. So muß auch die gesunde Seele bereit zu allem sein, was ihr begegnet. Wenn sie sagen wollte: 'Meine Kinder sollen am Leben bleiben, und alle sollen alle meine Taten loben', dann gliche sie einem Auge, das nur auf Grünes ausgeht, oder Zähnen, die nur nach weicher Nahrung verlangen.

Niemand ist so glücklich, daß nicht auch an seinem Sterbebette einige stehen werden, die das 'Leid' begrüßen, das ihm widerfährt. 'Er war tüchtig und weise' – es wird sich am Ende doch einer finden, der bei sich sagt: 'Nun werden wir endlich doch von diesem Schulmeister aufatmen dürfen. Er ist zwar keinem von uns zur Last gefallen, aber ich hatte doch immer das Gefühl, daß er uns im stillen verurteilte.' So ergeht es dem Tüchtigen. Wie viele Fehler mögen wir noch haben, die so manchem den Wunsch nahelegen, von uns loszukommen. Daran denke in deiner Sterbestunde, und du wirst leichter aus dem Leben scheiden, wenn du dir sagst: Ich gehe aus einem Leben, aus dem mich selbst die Weggenossen, für die ich so viel gekämpft, gebetet und gesorgt habe, hinwegwünschen, weil sie sich davon vielleicht in irgendeiner Beziehung eine Erleichterung versprechen. Warum sollte man sich da an den Gedanken klammern, hier noch länger zu verweilen? Doch du sollst deshalb nicht weniger gut von ihnen denken, wenn du scheidest, sondern deiner besonderen Eigenart treu bleiben und freundlich, wohlgesinnt und voller Güte zu ihnen sein, dir auch nicht einreden, du müßtest dich von ihnen losreißen. Nein, wie sich die Seele dessen, der einen sanften Tod stirbt, leicht vom Körper löst, so friedlich muß auch dein Abschied von ihnen sein. Denn auch mit ihnen hat dich die Natur aufs innigste verbunden. 'Aber jetzt löst sie die Bindungen!' Nein, ich löse mich von den Menschen wie von Hausgenossen, nicht mit Widerstreben, sondern in voller Freiheit. Auch das gehört zu einem naturgemäßen Leben.

Gewöhne dich daran, möglichst bei jeder Tat eines anderen zu fragen: 'Was für ein Ziel schwebt ihm dabei vor?' Beginne aber bei dir selbst und prüfe in erster Linie dich selbst!

Bedenke, daß jene geheimnisvolle Kraft in deiner Seele es ist, die die Sehnen und Muskeln deines Körpers bewegt; sie ist Bewegung, sie ist unsere Lebenskraft, ja, wenn man so sagen darf, der Mensch. Verwechsle nie damit das Gefäß deines Körpers, das die Seele umschließt, und die Glieder, die ringsum an den Rumpf gefügt sind. Denn sie gleichen einer Holzaxt, nur darin von ihr unterschieden, daß sie angewachsen sind. Denn die Gliedmaßen gewähren, losgelöst von der Kraft, die sie bewegt und wieder in der Bewegung innehalten läßt, keinen größeren Nutzen als das Weberschiffchen der Weberin, der Griffel dem Schreiber, die Peitsche dem Fuhrmann.

ELFTES BUCH

Dies sind die besonderen Leistungen der vernünftigen Seele: sie sieht sich selbst, sie zergliedert sich selbst, formt sich nach ihrem Willen, erntet selbst die Frucht, die sie trägt (denn die Früchte der Pflanzen und die entsprechenden 'Erträgnisse' der Tiere ernten andere), sie erreicht das Ziel, das sie sich gesteckt hat, an welcher Stelle des Lebens auch der Tod an sie herantritt. Es ist bei ihr nicht wie bei einem Tanz, beim Schauspiel und ähnlichen Kunstleistungen, wo die Gesamthandlung bei einer technischen Störung unvollendet bleibt; sie erfüllt vielmehr in jedem Akt und wo man sie antrifft, die Aufgabe, die sie sich gesetzt hat, so restlos und in solcher Vollkommenheit, daß sie sagen kann: 'Ich habe mein Dasein erfüllt.' Außerdem umspannt sie mit ihren Gedanken den ganzen Kosmos, den ihn umgebenden leeren Raum und seine Gestalt, weitet ihren zeitlichen Horizont bis zur Vorstellung der Ewigkeit aus und begreift die periodische Wiedergeburt des Alls in ihr umfassendes Denken ein; sie erkennt, daß unsere Nachfahren nichts Neues zu sehen bekommen und auch schon unsere Vorfahren nicht mehr gesehen haben, sondern daß in gewisser Weise der Mann von vierzig Jahren, wenn er nur etwas Verstand hat, alles, was da war und sein wird, gesehen hat, eben weil im Grunde immer nur das gleiche geschieht. Der vernünftigen Seele ist auch die Liebe zu unseren Nächsten eigen, wozu Wahrhaftigkeit und Rücksichtnahme gehören, und die Selbstachtung, die ihr gebietet, nichts höher zu schätzen als den eigenen Wert (das ist übrigens auch für das Gesetz charakteristisch). So besteht – genau gesehen – kein Unterschied zwischen der Vernunft als der Kraft des Denkens und als der Hüterin der Gerechtigkeit, d. h. zwischen der theoretischen und praktischen Vernunft.

Du wirst von dem Zauber eines Liedes, eines Tanzes und eines Sportkampfes wie des Pankration geringer denken, wenn du die melodische Linie der Stimme in ihre einzelnen Töne zerlegst und dich bei jedem einzelnen fragst, ob du von ihm bezaubert bist; denn das wirst du nicht zugeben können. Mach es beim Tanz entsprechend und löse ihn in die einzelnen Bewegungen oder Stellungen auf, ebenso beim Pankration. Sei überhaupt grundsätzlich darauf bedacht, auf die einzelnen Teile zu sehen und durch ihre Isolierung zu jener Abwertung zu gelangen (nur die Tugend und ihre Leistungen sind davon auszunehmen!), und übertrage den gleichen Grundsatz auch auf das Leben als Ganzes!

Wie erhaben ist die Seele, die gern bereit ist, zu erlöschen, sich aufzulösen oder auch weiterzuleben, wenn es einmal gilt, sich vom Körper zu trennen! Diese Bereitschaft soll aber aus einer persönlichen Entscheidung kommen, nicht auf bloßem Trotz beruhen wie bei den Christen, wohlerwogen und würdig sein und auf andere überzeugend wirken, keinesfalls eine tragische Gebärde sein.

Habe ich etwas für die Gemeinschaft getan? Dann habe ich mich selbst damit gefördert. Halte dir das immer vor Augen und handle unablässig danach!

Was ist dein Beruf? Gut zu sein. Wie könnte das aber anders möglich sein als durch die geistige Erfassung des Weltenaufbaues und der besonderen Bestimmung des Menschen?

Zuerst brachte man tragische Schauspiele auf die Bühne, um an den Lauf des Schicksals zu gemahnen, zu zeigen, daß es so kommen mußte, wie es kam, und daß man sich über die Dinge, die uns auf der Bühne in eine gehobene Stimmung versetzen, nicht aufzuregen braucht, wenn sie uns auf der größeren Bühne des Lebens begegnen. Sieht man doch, daß sich dieses Schicksal so und nicht anders erfüllen muß und daß sich mit ihm auch die abfinden müssen, die 'Weh mir, Kithairon!' rufen. Und es stammt von den tragischen Dichtern wirklich manches gute Wort; dahin gehört vor allem dies:

'Vergaß die Gottheit meiner und der Kinder mein,
so hat auch das wohl seinen Grund!'

oder auch:

'Dem Gang der Dinge zürnen darfst du nicht!'

und:

'Das Leben ernten wie die körnerreiche Ähre!'

und dergleichen mehr. Nach dem tragischen Schauspiel kam die alte Komödie auf die Bühne, die durch ihren Freimut die Zuschauer erzog und sie gerade durch die offene Sprache mit besonderem Erfolge an schlichte Anspruchslosigkeit gemahnte; auch Diogenes übernahm diesen Zug, um auf seine Art Gleiches zu erreichen. Zu welchem Zweck brachte man nach der alten die mittlere und schließlich die neue Komödie auf die Bühne, die bald zu jener Kunstrichtung entartete, die das Leben lediglich kopiert? Es lohnt sich, darüber nachzudenken! Denn daß auch aus der mittleren und neueren

Komödie mancher gute Ausspruch stammt, ist bekannt; aber welches Ziel hat eigentlich eine solche Dichtung und Darstellung ihrer ganzen Anlage nach?

Wie deutlich mir doch zum Bewußtsein kommt, daß keine andere Lebenslage so wie die, in der ich mich jetzt befinde, zum Philosophieren geeignet ist!

Ein Zweig, der von dem Ast, an dem er gewachsen ist, abgehauen wird, wird damit unweigerlich auch von dem ganzen Baum abgehauen. So fällt auch ein Mensch, der sich auch nur von einem einzigen Mitmenschen lossagt, aus der Gemeinschaft aller heraus. Einen Zweig schlägt eine fremde Hand ab; der Mensch aber trennt sich selbst von seinem Nächsten, indem er ihn haßt und sich innerlich von ihm abwendet; er sieht aber nicht, daß er sich damit zugleich von der Gemeinschaft im ganzen losgesagt hat. Aber es ist eine Gnade der Gottheit, die die Gemeinschaft begründete, daß es uns mögist, mit unserem Nächsten wieder zu verwachsen und mit unserer Hilfe die Ganzheit wieder zu vollenden. Wenn freilich eine solche Loslösung häufig erfolgt, führt sie dazu, daß der Abtrünnige nur schwer wieder in seine Ganzheit zurückgeführt und in sie eingegliedert werden kann. Übrigens ist auch der Zweig, der von Anfang an mit seinem Ast zusammengewachsen und in Lebensgemeinschaft geblieben ist, mit dem Zweige nicht zu vergleichen, der nach dem Abschlagen wieder eingepfropft worden ist, was ja wohl auch die Gärtner bestätigen. Aufs Menschliche übertragen: es besteht dann wohl eine Gemeinschaft im Wachsen, aber keine Gemeinschaft der Gesinnung mehr.

Wie dich die Menschen nicht vom rechten Handeln abbringen können, die sich dir hindernd entgegenstellen, wenn du nur auf dem Wege der rechten Vernunft vorankommst, so sollen sie dir auch nicht das Wohlwollen austreiben, das du ihnen gegenüber empfindest. Achte vielmehr auf dich mit gleicher Aufmerksamkeit bei beiden Aufgaben: nicht nur fest zu bleiben in deinen Entscheidungen und Handlungen, sondern auch voller Güte denen gegenüber, die dir Schwierigkeiten zu machen versuchen oder auf andere Weise deinen Unwillen erregen. Denn ihnen zu grollen, wäre nicht weniger ein Zeichen von Schwäche als der Verzicht auf dein Vorhaben und dessen Preisgabe aus Angst. Denn es sind beide in gleicher Weise fahnenflüchtig: wer sich einschüchtern läßt und wer gegen den eingenommen ist, der von Natur mit ihm verwandt und vertraut ist.

In keiner ihrer Äußerungen ist die Natur der Kunst unterlegen; ahmen doch auch die Künste die Natur nach. Ist dem so, dann wird ja wohl die vollkommenste und alle natürlichen Erscheinungen umfassende Darstellung der Natur, die Allnatur, nicht hinter der Erfindungsgabe des Künstlers zurückbleiben. Alle Künste aber schaffen des Höheren wegen das Geringere; so verfährt auch die Allnatur. Hier hat die Gerechtigkeit ihren Ursprung, von ihr aber gehen die übrigen Tugenden alle aus. Denn die Gerechtigkeit wird nicht gewahrt werden, wenn wir den sittlich belanglosen Dingen gegenüber eine unklare Haltung einnehmen oder wenn wir uns leicht beirren lassen, straucheln und anderen Sinnes werden.

Es kommen ja nicht die Dinge, die du mit innerer Unruhe erstrebst und fliehst, auf dich zu, sondern du kommst gewissermaßen selbst zu ihnen. Nimm sie also nicht in dein urteilendes Bewußtsein auf, und sie werden ruhig bleiben, wo sie sind, und man wird dich weder auf der Jagd nach ihnen sehen noch auf der Flucht vor ihnen.

Die Seele ist eine lichtartige Kugel, wenn sie sich weder einem Äußeren zuliebe ausdehnt noch nach innen zusammenzieht, sich weder unnatürlich weitet noch in sich zusammenfällt, sondern von dem Licht erhellt wird, durch das sie die Wahrheit aller Dinge und die in ihr selbst liegende erkennt.

Es verachtet mich jemand? Das ist seine Sache; die meine aber ist es, nicht bei einer Tat oder Äußerung betroffen zu werden, die Verachtung verdient. Es haßt mich jemand? Das ist seine Sache. Ich aber will freundlich und entgegenkommend zu jedermann sein und bereit, eben diesem Menschen zu zeigen, was er übersehen hat, ohne ihm Vorwürfe zu machen oder den Eindruck besonderer Toleranz erwecken zu wollen, sondern aufrichtigen und guten Herzens, wie der bekannte Phokion, wenn es ihm ernst mit seiner Äußerung war. Denn so soll es in deinem Inneren aussehen, und die Götter sollen in dir einen Menschen zu Gesicht bekommen, der sich durch nichts verstimmen läßt oder ein schweres Schicksal zu haben glaubt. Was kann dich schon Schlimmes treffen, wenn du jetzt von dir aus nur das tust, was deiner Natur angemessen ist, und das gelassen hinnimmst, was im Augenblick der Allnatur förderlich ist – als ein Mensch, dem alles daran gelegen ist, daß nur das geschieht, was dem allgemeinen Wohl zuträglich ist?

Sie verachten einander und schmeicheln einander; sie trachten einander den Rang abzulaufen und kriechen voreinander!

Wie verdorben und verlogen ist doch der Mensch, der beteuert: 'Ich bin gewillt, aufrichtig mit dir zu verkehren.' Was tust du denn da, lieber Mann? Das soll man nicht erst laut ankündigen! Unmittelbar muß es sich zeigen. Auf deiner Stirne muß es zu lesen sein, gleich die Stimme muß so klingen, schon aus den Augen muß es dir leuchten, so wie der Geliebte gleich in dem Blick des Liebenden alles erkennt. Der aufrichtige und gute Mensch muß überhaupt so sein wie einer, der stark nach Schweiß riecht: jeder, der auf ihn zukommt, soll es gleich bei der Annäherung merken, mag er es wollen oder nicht. Allzu geflissentliche Aufrichtigkeit ist wie ein versteckter Dolch. Nichts ist widerlicher als Wolfsfreundschaft; vor ihr mußt du dich ganz besonders in acht nehmen. Dem guten, aufrichtigen und wohlwollenden Manne sieht man es unverkennbar schon an den Augen an.

Die Voraussetzung für ein glückliches Leben liegt in der Seele, wenn sich der Mensch nur den sittlich belanglosen Dingen gegenüber gleichgültig zu verhalten weiß. Dazu wird er in der Lage sein, wenn er jedes einzelne dieser gleichgültigen Dinge für sich definitorisch erfaßt und bedenkt, daß uns keines von ihnen ein Urteil über sich aufzwingen kann oder auf uns zukommt, sondern daß es in Ruhe verharrt, während wir es sind, die sich die Urteile über sie bilden und gleichsam in unsere Seele einschreiben; dabei steht es durchaus in unserer Macht, dies zu unterlassen, und wenn sie sich irgendwie eingeschlichen haben, ihre Spur zu tilgen. Und es gilt ferner zu bedenken, daß eine solche Aufmerksamkeit nur kurze Zeit erforderlich ist und das Leben bald genug zu Ende sein wird. Weshalb willst du dich ärgern, daß dies oder jenes anders ist als du dachtest? Wenn es naturgemäß ist, dann freue dich darüber, und es wird dir nicht mehr zur Last fallen; ist es wider die Natur, dann stelle fest, was deiner Natur entspricht, und gehe dem mit Eifer nach, auch wenn es dir keinen Ruhm einbringt; denn es ist keinem zu verargen, daß er das Gut zu gewinnen sucht, das seiner besonderen Art entspricht.

Kläre die Frage, woher jedes einzelne Ding gekommen ist, aus welchen Elementen es besteht, in welchen Stoff es sich wandelt und in welcher Verfassung es nach seiner Umwandlung sein wird, und erkenne, daß ihm kein Leid durch diese Wandlung geschehen wird.

Folgendes ist zu beachten:
Erstens: Wie ist mein Verhältnis zu den Menschen? Wir sind alle füreinander da, und von einem anderen Gesichtspunkt aus gesehen bin ich dazu bestimmt, sie zu führen, wie der Widder die Schafherde, der Stier die Rinder. Gehe an alles von dem obersten Grundsatz heran: Wenn die Welt nicht aus einem Gewirr von Atomen besteht, dann waltet die Kraft der Natur in allem. Ist das der Fall, dann ist das Niedere um des Höheren willen da, dieses aber füreinander.
Zweitens: Wie sich die Menschen bei Tisch, in ihrem Bett und sonst verhalten, vor allem aber, welchen Grundsätzen sie wie einem Zwang unterliegen und mit welcher mehr oder weniger großen Selbstgefälligkeit sie sie verwirklichen.
Drittens: Wenn die Grundsätze, nach denen sie handeln, berechtigt sind, darfst du nicht ungehalten über sie sein; sind sie es nicht, dann handeln die Menschen offenbar unabsichtlich und in Unkenntnis der Tragweite. Denn keine Seele verzichtet bewußt und mit

Willen auf die Wahrheit und dementsprechend auch darauf, mit einem jeden so umzugehen, wie es sich im gegebenen Falle gehört. Die Menschen sind darum auch verärgert, wenn man sie als ungerecht, rücksichtslos, habgierig, mit einem Worte als Sünder an ihren Mitmenschen bezeichnet.
Viertens: Auch du machst vieles falsch, bist selbst 'so einer'. Und wenn du manche Fehler vermeidest, so hast du doch die Anlage dazu, sie zu begehen, wenn du auch aus Feigheit, aus Rücksicht auf deinen guten Ruf oder aus einem ähnlich unerfreulichen Beweggrunde solche Vergehen meidest.
Fünftens: Du weißt soundso oft nicht, ob die Menschen wirklich sündig sind. Denn sie handeln oft aus Gründen falsch verstandener Zweckmäßigkeit, und man müßte überhaupt vieles vorher wissen, um ein begründetes Urteil über eine fremde Handlungsweise abgeben zu können.
Sechstens: Wenn du dich über Gebühr ärgerst und grämst, dann denke daran, daß das menschliche Leben nur von geringer Dauer ist und wir nach kurzer Zeit alle im Grabe liegen.
Siebentens: Nicht die Handlungen der Menschen quälen uns, denn die sind Inhalt und Angelegenheit ihrer Seele, sondern unsere eigenen Auffassungen über sie. Gib diese auf, entschließe dich zum Verzicht auf das Urteil, es handle sich um etwas Schlimmes, und schon ist der Zorn verraucht. Wie du sie aufgeben sollst? Mach dir klar, daß die Handlung eines anderen keine Schande für dich sein kann. Denn wenn es nicht so wäre, daß allein die Schande ein Übel ist, dann würdest auch du zwangsläufig in den Augen der Menschen viel sündigen und ein Räuber oder sonst etwas werden.
Achtens: Zorn und Trauer über solche Entgleisungen

anderer belasten uns schwerer als die Handlungen selbst, über die wir zornig und traurig sind.
Neuntens: Deine Güte ist unbesiegbar, wenn sie echt, nicht bloß erzwungen oder erheuchelt ist. Denn was kann dir der schlimmste Übeltäter anhaben, wenn du unverändert gut zu ihm bist, ihm bei Gelegenheit freundlich zuredest und ihn in dem Augenblick, da er drauf und dran ist, dir etwas Böses zu tun, etwa so eines Besseren belehrst: 'Nicht so, mein Sohn! Wir sind zu anderem geboren. Ich habe schwerlich einen Nachteil davon, aber du schadest dir, mein Sohn!' Und dann zeige ihm schonungsvoll und ohne Anspielung auf den Sondeıfall, daß es sich wirklich so verhält und daß selbst die Bienen und alle anderen in Herden lebenden Tiere nicht so handeln. Man soll das aber nicht in ironischem oder in vorwurfsvollem Tone tun, sondern liebevoll und ohne Verbitterung in der Seele, nicht schulmeisternd oder in der Absicht, sich von einem anderen, der dabeisteht, bewundern zu lassen. Sprich nur zu ihm, auch wenn andere dabeistehen sollten!
Diese neun Grundsätze achte wie ein Gnadengeschenk der Musen und fang endlich einmal an, ein Mensch zu sein, solange du noch lebst! Hüte dich aber nicht weniger, den Menschen zu schmeicheln, als du es unterlassen sollst, ihnen zu zürnen! Denn beides widerspricht einer echten Gemeinschaft und führt zu Schädigungen. Sollte der Zorn doch Macht über dich gewinnen, dann halte dir vor Augen, daß es nicht mannhaft ist, zu zürnen, sondern menschlicher und somit auch männlicher, gelassen und ruhig zu sein, und daß Kraft und Tapferkeit des Herzens Vorzüge eines wirklichen Mannes sind, nicht eines Menschen, der unwillig und verärgert ist. Denn je verwandter das rechte Verhalten der völligen Freiheit von Affekten ist, desto näher steht es auch der

Stärke. Wie die Trauer Zeichen einer schwachen Seele ist, so ist es auch der Zorn. Denn beide sind im Kampf des Lebens 'verwundet' worden und 'haben sich ergeben'.

Wenn du willst, dann nimm noch einen zehnten Grundsatz als Gabe des Musenführers Apollo entgegen: Es ist ein Wahnsinn, zu verlangen, daß die Schlechten keine Sünden begehen; das heißt Unmögliches fordern. Wolltest du dich aber damit einverstanden erklären, daß sie zu anderen so sind, und zugleich verlangen, daß sie sich nur an dir nicht versündigen sollen, dann wäre das ein Zeichen von brutaler Rücksichtslosigkeit.

Vier Verirrungen der Seele sind es in der Hauptsache, vor denen du dich ständig hüten mußt, und wenn du sie in dir entdeckst, mußt du sie radikal beseitigen, indem du dir im gegebenen Falle sagst: Diese Vorstellung ist nicht notwendig, diese Handlungsweise zerstört die Gemeinschaft, das ist nicht deine wirkliche Überzeugung (denn du mußt es für das Unredlichste halten, nicht deine wahre Meinung zu sagen). Der vierte Fall liegt dann vor, wenn du dir den Vorwurf machen mußt: hier unterliegt und fügt sich der göttliche Teil in dir dem wertlosen und sterblichen, d. h. dem Körper und seinen fleischlichen Vorstellungen.

Alles Hauchartige und Feurige, das deiner Seele beigegeben ist, strebt zwar seiner Natur nach empor, gehorcht aber trotzdem der Ordnung des Weltalls und ist hier in deine Körperlichkeit gebannt. Alles Erdhafte und Feuchte in dir hat zwar die Neigung nach unten, ist aber trotzdem emporgehoben und behauptet einen Platz, der ihm von Haus aus nicht zukommt.. So gehorchen also auch die Elemente dem Ganzen, wenn sie irgendwo eingeordnet sind, und bleiben zwangsweise dort, bis von dort, d. h. vom Ganzen her, wieder das Zeichen zur Auflösung gegeben wird. Ist es da nicht schlimm, daß allein der vernünftige Teil in dir ungehorsam und mit dem ihm zugewiesenen Platz unzufrieden ist? Und dabei wird ihm keinerlei Zwang zugemutet, sondern nur das, was seiner Natur entspricht! Er will sich jedoch nicht damit abfinden, sondern strebt in die entgegengesetzte Richtung. Denn ein Abfall von der Natur ist schon der erste Schritt zur Ungerechtigkeit, Zuchtlosigkeit, zu Zorn, Trauer und Furcht. Auch dann, wenn deine Seele über eine Schicksalsfügung verärgert ist, verläßt sie ihren Posten. Denn sie ist ebensosehr zu Frömmigkeit und Gottesfurcht geboren wie zur Gerechtigkeit. Auch diese Tugenden gehören ja zur idealen Einordnung in die Gemeinschaft des Universums, ja sie haben dort sogar noch einen höheren Rang als die gerechten Handlungen.

'Wem nicht immer ein und dasselbe Lebensziel vor Augen steht, der kann auch selbst nicht das ganze Leben hindurch ein und derselbe sein.' Dieser Ausspruch genügt nicht, wenn du nicht noch ergänzend sagst, was für ein Ziel das sein soll. Denn wie all die Güter, die die Mehrzahl der Menschen dafür ansieht, nicht zu einer einheitlichen Auffassung führen können, dies vielmehr nur einer bestimmten Gruppe von Gütern, d. h. denen vorbehalten ist, die der Gemeinschaft dienen, so muß auch das Ziel die Einordnung in die Gemeinschaft des Alls und der menschlichen Gesellschaft sein. Wer seine ganze Energie auf dieses Ziel ausrichtet, dessen Taten werden einander allesamt gleichen, und er wird demzufolge immer ein und derselbe sein.

Denk an die Fabel von der Feld- und der Stadtmaus und an die Angst und Flucht jener!

Sokrates nannte auch die Meinungen der Masse 'Gespenster, mit denen man Kindern Angst macht!'

Die Lazedämonier stellten bei ihren Schauspielen die Bänke für die Fremden im Schatten auf, sie selbst aber ließen sich nieder, wo gerade Platz war.

Als Perdikkas dem Sokrates Vorwürfe machte, daß er nicht zu ihm zu Tisch käme, sagte dieser: 'Ich möchte nicht auf die elendeste Art zugrunde gehen.' Er meinte damit: Ich möchte nicht Freundlichkeiten unerwidert lassen müssen, die ich empfangen habe.

In den Schriften der Ephesier (?) stand die Aufforderung zu lesen, man solle sich immer einen der Männer der Vorzeit vor Augen halten, die sich bewährt hätten.

Die Pythagoreer lehrten, man solle früh nach dem Himmel schauen, damit man der Wesen gedächte, die in ewig gleicher Bahn und auf dieselbe Weise ihr Werk vollenden, und ihrer Ordnung, Reinheit und Unverhülltheit. Denn ein Stern hat keinen Schleier.

Denke daran, wie Sokrates, in das Schaffell gehüllt, aussah, als Xanthippe sein Gewand genommen hatte und damit fortgegangen war, und an die Worte, die er an seine Freunde richtete, als sie sich seiner schämten und zurückwichen, da sie ihn in diesem Aufzuge erblickten.

Du kannst im Schreiben und Lesen erst dann anderen ein Führer sein, wenn du dich selbst dazu heraufgedient hast. Das gilt noch viel mehr in Fragen der Lebensführung.

'Ein Sklave bist du: Denken ward dir nicht zuteil!'

'Doch innerlich lachte das Herz mir...'

'Sie aber tadeln die Tugend und schmähn sie mit bitteren Worten.'

Nur ein Narr sucht im Winter nach Feigen. So handelt auch der Mann, der nach seinem Kinde verlangt, wenn es ihm vom Schicksal nicht mehr belassen ist.

Epiktet sagt, wenn man sein Kind küsse, müsse man innerlich dazu sagen: 'Morgen bist du vielleicht schon tot!' 'Das ist ein verderbenbringendes Wort!' 'Es ist nichts Bedrohliches daran', sagte er; 'es bezeichnet doch nur einen natürlichen Vorgang. Sonst müßte es ja auch verderbenbringend sein, wenn man davon spricht, daß die 'Ähren gemäht werden'.

Herling, reife Traube, Rosine – alles Umwandlungen, doch nicht in das Nichts, sondern in das, was im jeweiligen Augenblick noch nicht ist.

Ein Ausspruch Epiktets: 'Einen Räuber der Willensfreiheit gibt es nicht!'

Er sagt ferner: Wir müssen das rechte Verfahren finden, dem Schicksal einen Sinn abzugewinnen, und im Bereich der Triebe sorgsam auf der Wacht sein, daß wir sie nur allmählich, d. h. nicht ungehemmt, wirken lassen, daß sie der Allgemeinheit dienen und dem Wert der Sache angepaßt sind. Der Begierde soll man sich überhaupt enthalten, dagegen nichts von dem grundsätzlich meiden, was nicht in unserer Hand liegt.

Ferner: Nicht um das oder jenes geht der Kampf, sondern darum, ob wir unseren Verstand verlieren oder behalten!

Sokrates sagte gern: 'Was wollt ihr? Wollt ihr die Seelen von Vernunftwesen haben oder von Tieren?' 'Von Vernunftwesen.' 'Von was für Vernunftwesen, von gesunden oder schwächlichen?' 'Von gesunden.' 'Ja, warum strebt ihr dann nicht danach?' 'Weil wir sie schon haben.' 'Ja, warum streitet ihr denn dann miteinander und entzweit euch?'

XI, 38–39

ZWÖLFTES BUCH

Alles das, was du so nach und nach zu erreichen wünschst, kannst du jetzt schon haben, wenn du es dir nicht selbst vorenthältst, d. h. wenn du alles Vergangene vergangen sein läßt, die Zukunft der Vorsehung überläßt und die Gegenwart ausschließlich auf Frömmigkeit und Gerechtigkeit ausrichtest: auf die Frömmigkeit, damit du deinen Anteil am Gesamtschicksal liebgewinnst – denn ihn gab dir die Allmutter Natur und dich ihm –, auf die Gerechtigkeit, damit du frei und ohne Umschweife die Wahrheit sagst und nach Recht und Gesetz handelst. Dabei darf dich weder die Schlechtigkeit eines anderen noch Meinung oder Wort eines anderen, geschweige denn eine Empfindung des Fleisches hindern, das deine Seele umschließt; der Körper mag zusehen, wie er mit seinem Erleben zurechtkommt. Wenn du also, ans Ende des Lebens gelangt, alles andere hinter dir läßt und nur deine Seele und das Göttliche in dir hochhältst und keine Angst davor hast, daß dein Leben über kurz oder lang zu Ende gehen wird, sondern nur davor, daß du noch nicht einmal angefangen hast, im Sinne der Allnatur zu leben, dann wirst du ein Mensch sein, der seines Schöpfers, des Kosmos, würdig ist, und wirst nicht länger ein Fremdling im eigenen Vaterlande sein, dich nicht mehr über die alltäglichen Dinge wundern, als kämen sie unerwartet, und nicht länger von allem Möglichen innerlich abhängig sein.

Gott sieht alle Seelen ohne körperliche Hüllen, Rinden und Krusten; denn er berührt mit seiner Denkkraft und nur mit ihr lediglich das Geistige, was aus seinem Geiste in die menschlichen Seelen abgeleitet und überführt worden ist. Wenn auch du dich daran gewöhnst, so zu verfahren, dann wirst du deiner ewigen Unruhe ein Ende bereiten können. Denn wie sollte ein Mensch, der sich um das ihn umhüllende Fleisch nicht kümmert, sich damit aufhalten, auf Kleidung, Haus, Ruhm und ähnliche unwesentliche Außendinge zu sehen?

Drei Teile sind es, aus denen du bestehst: Körper, Lebenshauch und Geist. Von diesen sind die beiden ersten nur insoweit dein, als sie deiner Pflege anvertraut sind; nur der dritte ist uneingeschränkt dein. Wenn du also von deinem eigentlichen Ich, d. h. vom Geistigen in dir, alles fernhältst, was andere tun oder sagen oder was du selbst früher getan oder gesagt hast, was dich als zukünftiges Schicksal beunruhigt, alles, was von deiner leiblichen Hülle oder dem mit ihr aufs engste verbundenen Lebenshauch dir anhängt und sich dem Einfluß deines Willens entzieht, was der Strudel da draußen rings um dich aufwirbelt, so daß deine Denkkraft unabhängig vom jeweiligen Schicksal rein und gelöst aus sich selbst heraus lebt, indem sie gerecht handelt, das Schicksal in den eigenen Willen aufnimmt und die Wahrheit sagt, – wenn du, wie gesagt, von dieser deiner geistigen Kraft alles ausscheidest, was ihr auf Grund leidenschaftlicher Regungen anhaftet, die Sorge, was die Zukunft noch bringen kann oder die Vergangenheit gebracht hat, aufgibst, dich seelisch unangreifbar machst wie des Empedokles

'Kugel: gerundet in sich und froh der Stille im Umkreis'

und nur die Zeit zu leben trachtest, die du wirklich lebst, d. h. die Gegenwart, dann wirst du die Frist, die dir bis zum Tode bleibt, unerschüttert, heiter und im Einklang mit deinem Genius hinbringen können.

Ich habe mich schon oft darüber gewundert, wie es kommt, daß jeder sich selbst mehr liebt als alle anderen, dem eigenen Urteil über sich aber weniger Bedeutung beimißt als dem der anderen. Wenn also ein Gott oder ein kluger Lehrer zu einem Menschen hinträte mit dem Gebot, nichts in eigener Sache zu erwägen oder zu bedenken, ohne es zugleich öffentlich auszusprechen, dann wird dieser Mensch das auch nicht einen Tag lang aushalten. So sehr sind wir um das Urteil unserer Nächsten über uns mehr besorgt als um unser eigenes!

Wie ist es eigentlich möglich, daß die Götter, die alles gut und zum Wohle des Menschen geordnet haben, dies eine übersahen, daß einige Menschen, und zwar solche, die sehr gut sind und zur Gottheit sozusagen in besonders engen Beziehungen stehen, mit ihr durch fromme Werke und heilige Handlungen besonders vertraut geworden sind, – daß solche Menschen nach ihrem Tode nicht wieder auf die Welt kommen, sondern für alle Ewigkeiten ausgelöscht sind. Wenn es an dem ist, dann kannst du überzeugt sein: die Götter hätten es anders gemacht, wenn es anders besser gewesen wäre. Denn wenn es gerechter wäre, wäre es auch zu ermöglichen gewesen, und wenn es der Natur entspräche, hätte es die Natur auch zuwege gebracht. Aus der Tatsache, daß es nicht so ist (wenn es tatsächlich nicht der Fall ist), mußt du die Überzeugung gewinnen, daß es nicht so geschehen soll. Denn du siehst ja selbst, daß du mit diesen überflüssigen Fragen mit der Gottheit rechtest; wir würden aber nicht so mit den Göttern reden, wenn sie nicht gut und gerecht über alles menschliche Maß hinaus wären. Ist dies aber der Fall, dann haben sie nichts übersehen, was sie im Aufbau der Welt etwa zu Unrecht und ohne Grund nicht bedacht hätten.

Gewöhne dich daran, auch alle die Aufgaben in Angriff zu nehmen, an deren Durchführbarkeit und Erfolg du zunächst zweifelst. Die linke Hand, die zu allem anderen aus mangelnder Gewohnheit ungeschickt ist, führt ja auch den Zügel kräftiger als die rechte; denn sie hat es durch Gewohnheit gelernt.

Denke daran, in welchem leiblichen und seelischen Zustand du sein sollst, wenn dich der Tod ereilt, bedenke die kurze Dauer des Lebens, die Unermeßlichkeit der hinter und der vor dir liegenden Zeit und die Hinfälligkeit alles Stofflichen!

Sieh ab von der stofflichen Hülle, sieh nur auf die verursachenden Kräfte, auf die Beweggründe der Handlungen! Überleg dir, was Leid und Lust, was Tod und Ruhm bedeuten, wer an der eigenen Ruhelosigkeit schuld ist, daß keiner von einem anderen gehemmt werden kann; erkenne, daß alles nur 'Meinung' ist!

In der Anwendung philosophischer Grundsätze sollte man einem kombinierten Ringer und Boxer gleichen, nicht einem Gladiator. Denn dieser braucht nur das Schwert, das er führt, zu verlieren, und er wird getötet, jener aber hat seine Hand immer zur Verfügung und braucht sie nur zur Faust zu ballen.

Ergründe die Beschaffenheit der Dinge an sich durch deren Zerlegung in Stoff, verursachende Kraft und Zweckbestimmung!

Der Mensch hat die Möglichkeit, nur das zu tun, was Gott gutheißen wird, alles in Ergebung hinzunehmen, was ihm Gott zuteilt.

Für das, was der Gang der Natur so mit sich bringt, soll man weder die Götter verantwortlich machen (denn sie begehen keine Fehler – weder absichtlich noch unabsichtlich) noch die Menschen; denn diese begehen zwar Fehler, aber nur gegen ihren Willen. Es ist also niemand ein Vorwurf zu machen.

Wie lächerlich und weltfremd wirkt doch der, der sich auch nur über das Geringste wundert, was im Leben geschieht!

Entweder herrscht die unerbittliche Macht des Schicksals und eine unverbrüchliche Ordnung oder eine gnädige Vorsehung oder ein sinnloses Chaos ohne lenkende Hand. Was sträubst du dich dagegen, wenn ein unausweichlicher Zwang herrscht? Herrscht aber eine Vorsehung, die sich gnädig stimmen läßt, dann mach dich selbst der göttlichen Hilfe würdig! Wenn aber ein Chaos ohne jede Führung herrscht, dann sei froh, daß du inmitten eines solchen 'Wogenschwalles' in dir selbst eine führende geistige Kraft hast. Und wenn dich der Wogenschwall mit fortreißt, dann mag er dir das Fleisch, den Lebenshauch und das andere alles davontragen; den Geist wird er dir doch nicht rauben.

Das Licht der Lampe leuchtet und behält seinen Schein, bis sie ausgelöscht wird; wie dürften in dir Wahrheit, Gerechtigkeit und Besonnenheit eher erlöschen als dein Leben?

Wenn du von einem anderen den Eindruck hast, er habe einen Fehler begangen, dann frage dich: 'Woher will ich denn wissen, ob dies ein Fehler ist?' Und wenn er schon etwas falsch gemacht hat, dann sage dir: 'Er hat sich selbst sein Urteil gesprochen' und dies: 'das gleicht dem Zerfleischen des eigenen Antlitzes!'
Wer nicht will, daß der Schlechte sündigt, gleicht dem, der nicht will, daß der Feigenbaum Saft in den Feigen erzeugt, daß die Säuglinge schreien, das Pferd wiehert und was sonst noch alles zwangsläufig geschieht. Was soll denn ein Wesen mit solcher Veranlagung anderes anfangen? Wenn du also schon ein Eiferer bist, dann kuriere die Veranlagung!

Wenn es dir nicht zukommt, dann tu es nicht; wenn es nicht wahr ist, dann sag es nicht; denn die Willensregung sei auf das sittlich Wertvolle gerichtet!

Sieh grundsätzlich immer danach, was für ein Gegenstand diese Vorstellung in dir auslöst, nimm ihn auseinander und zerlege ihn in verursachende Kraft, Stofflichkeit, Zweckbestimmung und Dauer der Zeit, in der sich sein Leben abgewickelt haben muß.

Begreife endlich, daß du etwas Mächtigeres und Göttlicheres in dir trägst als das, was die Affekte in dir entstehen läßt und dich geradezu wie eine Marionette hin- und herzieht! Was geht jetzt in meiner Seele vor? Ist es Furcht, Argwohn, Begierde oder etwas anderes dergleichen?

Erster Grundsatz: Nicht aufs Geratewohl und nicht ohne klare Zielvorstellung handeln! Zweiter Grundsatz: Das Streben auf nichts anderes als auf das Gedeihen aller richten!

Bedenke, daß von dir bald nirgends mehr eine Spur sein wird, auch nicht von dem, was du jetzt erblickst, auch von keinem deiner Zeitgenossen! Denn es ist alles von Natur dazu bestimmt, sich zu wandeln, zu verändern und zugrunde zu gehen, damit anderes an seine Stelle treten kann.

Sei dir darüber im klaren, daß alles nur 'Meinung' ist und daß das 'Meinen' in deine Hand gelegt ist! Gib also, wenn du es willst, die Meinung preis, und du wirst Ruhe in deiner Seele haben, so wie den Schiffer, der das Vorgebirge glücklich umfuhr, Meeresstille umfängt: alles ist ruhig und ohne Wogen die Bucht!

Jede einzelne Tätigkeit, gleichviel welcher Art, die zur rechten Zeit abläuft, erleidet durch ihren Abschluß keinen Schaden; auch derjenige, der die Tätigkeit ausgeübt hat, ist durch deren Abschluß als solchen nicht geschädigt. In gleicher Weise erleidet nun auch die Einheit aller Betätigungen, d. h. das Leben, wenn es zur rechten Zeit zu Ende geht, durch den Abschluß als solchen keinen Schaden, und auch der Mensch, der zur rechten Zeit diese Lebenseinheit aufgibt, hat sich damit nicht verschlechtert. Den rechten Zeitpunkt und die Lebensgrenze bestimmt aber die Natur, gelegentlich sozusagen auch die einzelne Physis, wenn sie in hohem Alter zu bestehen aufhört, grundsätzlich aber immer die Allnatur, deren Glieder sich wandeln, damit der ganze Kosmos immer jung und in voller Blüte bleibt.

Alles aber, was dem Ganzen dient, ist immer schön und kommt stets zur rechten Zeit. Das Lebensende ist darum auch für keinen Menschen ein Übel, da es ihm keine Schande bringen kann, wenn es nur seiner Willkür entzogen und keine Beeinträchtigung der Interessen der Gemeinschaft, sondern etwas Gutes ist; das ist der Fall, wenn es zur rechten Zeit für das Ganze eintritt, ihm dienlich ist und vom Gesamtgeschehen mitgetragen wird. So ist ja auch der von der Gottheit getragen, der sich von den gleichen Kräften bewegen läßt wie sie und in seinem Geiste den gleichen Zielen zustrebt.

Diese drei Grundsätze mußt du dir stets vor Augen halten: Handle nicht aufs Geratewohl und nicht anders, als die Gerechtigkeit selbst gehandelt hätte! Bedenke bei dem, was dir von außen zustößt, daß es entweder zufällig geschieht oder das Werk der Vorsehung ist und daß weder der Zufall einen Tadel verdient noch die Vorsehung einen Vorwurf. Zweitens: Achte darauf, wie jedes einzelne Lebewesen von der Zeugung bis zur Beseelung und von dieser bis zur Entseelung beschaffen ist, aus welchen Stoffen es aufgebaut ist und in welche es wieder zerfällt. Drittens bedenke: Wenn du, plötzlich in die Luft hinaufgehoben, das menschliche Treiben in seiner Vielgestaltigkeit von oben betrachten könntest, würdest du gering davon denken angesichts der Vielzahl von Wesen, die du zugleich in der Luft und im Äther ringsum wohnen sähest; und dabei würdest du, sooft du dich über die Erde erheben könntest, immer nur dasselbe sehen: das Gleichartige, Kurzlebige. Danach hast du das Empfinden: es ist alles eitel!

Wirf die Meinung über Bord, und du bist gerettet! Wer kann dich hindern, sie wegzuwerfen?

Wenn du dich über irgend etwas ärgerst, dann hast du vergessen, daß sich alles nach dem Willen der Allnatur vollzieht, daß die Verfehlung Sache des anderen ist, daß ferner alles, was geschieht, schon immer so geschah und geschehen wird und auch jetzt überall geschieht, und schließlich, wie weit die Verwandtschaft der Menschen mit allem geht, was Menschenantlitz trägt: daß sie nicht nur dem Blute und dem Samen nach miteinander verwandt sind, sondern an der gleichen Vernunft teilhaben. Du vergaßest aber auch, daß die Vernunft eines jeden Menschen ein Teil der Gottheit ist, ihm von dort zugeströmt ist, daß nichts dem Menschen ausschließlich gehört, sondern daß ihm Kind und Leib und selbst die Seele von dort gekommen sind, daß alles nur vage 'Meinung' ist, und schließlich, daß jeder nur den gegenwärtigen Augenblick lebt und auch im Tode nicht mehr verliert als ihn.

Stelle dir immer wieder Menschen vor, die sich über irgend etwas maßlos aufgeregt haben, die den Gipfel des Ruhmes oder Glückes erstiegen, die tiefsten Tiefen der Feindschaft oder die schlimmsten Härten des Schicksals kennengelernt haben, und dann denk: 'Wo ist das alles jetzt? In Rauch und Asche aufgegangen, Sage geworden oder nicht einmal das mehr!' Rufe dir auch alle solchen Fälle ins Bewußtsein, zum Beispiel Fabius Catullinus auf seinem Landgut, Lusius Lupus in seinen Gärten, Stertinius in Bajä, Tiberius in Capri und Velius Rufus und überhaupt, was die Menschen in ihrem Wahn an Feindseligkeit gegen alles Mögliche aufbringen, und wie wertlos alles ist, worauf sie so versessen sind! Bedenke, wieviel philosophischer es ist, sich im gegebenen Falle gerecht, besonnen und einfach Gott gehorsam zu erweisen! Denn der Hochmut, der sich als Demut aufspielt, ist der unerträglichste.

Wenn man dich fragt: 'Wo hast du denn die Götter gesehen oder woraus ihr Dasein erschlossen, daß du sie so verehrst?', dann antworte: 'Erstens sind sie ja selbst dem leiblichen Auge sichtbar. Zweitens habe ich ja meine Seele doch auch nicht gesehen und halte sie trotzdem in Ehren. So erschließe ich eben auch das Dasein der Götter aus den Wirkungen ihrer Macht, die ich in jedem Einzelfalle verspüre, und verehre sie.'

Das Heil des Lebens hängt erstens davon ab, daß wir bei jedem Gegenstand in voller Klarheit erkennen, was er dem Wesen nach ist, aus welchen Stoffen er besteht, welche Kraft in ihm wirksam ist, zweitens davon, daß wir aufrichtigen Herzens das Rechte tun und die Wahrheit sagen. Was kann uns anderes beschieden sein als Lebensfreude, wenn wir eine gute Tat der anderen folgen lassen, so daß auch nicht der kürzeste Abstand zwischen ihnen bleibt?

Es gibt nur ein einziges Sonnenlicht, wenn es sich auch tausendfach an Wänden, Bergen und anderen Dingen 'bricht', es gibt nur einen gemeinsamen Weltkörper, wenn er sich auch tausendfach und mehr in bestimmte Einzelkörper 'ausgliedert', es gibt nur eine Seele, auch wenn sie tausendfach in Einzelseelen von besonderer Struktur zu 'zerfallen' scheint, nur eine denkfähige Seele, wenn sie auch vielfältig 'zerlegt' wirkt. Die übrigen Teile der genannten Dinge, z. B. der Lebenshauch und die stoffliche Grundlage, sind ohne Eigenempfindung und nicht miteinander verwandt. Doch hält auch sie das Einheit Gebende zusammen und das in die gleiche Richtung ziehende Schwergewicht. Der Geist strebt dagegen in einer besonderen Weise dem Wesensverwandten zu und vereinigt sich mit ihm, und das Erleben dieser Einheit unterliegt keiner 'Brechung'.

Wonach verlangst du? Immer weiter zu leben? Oder doch das Empfindungsvermögen zu behalten? Dein Triebleben zu retten, dein Wachstum und seinen Stillstand? Den Gebrauch deiner Stimme, das Denken? Welche der genannten Tätigkeiten scheint dir begehrenswert? Ist aber eine so bedeutungslos wie die andere, dann wende dich dem letzten Ziele zu und sei der Vernunft und Gott gehorsam! Damit verträgt sich die Wertschätzung der genannten Tätigkeiten so wenig wie die Verbitterung, daß sie einem durch den Tod entzogen werden.

Welcher Bruchteil der grenzenlosen, unermeßlichen Zeit ist dem einzelnen Menschen zugewiesen! Wie schnell geht er in der Ewigkeit auf! Welchen Bruchteil der Allsubstanz, der Allseele macht er aus! Auf welcher kleinen Erdkrume kriechst du dahin, einem winzigen Teile des Erdganzen! Dies alles sollst du beherzigen und dir nichts bedeutend vorstellen als das eine: zu handeln, wie dich deine Natur anleitet, zu tragen, was dir die Allnatur bringt!

Welchen Gebrauch macht die denkende Seele von sich selbst? Darin liegt doch alles beschlossen. Das übrige ist entweder unserem Willen unterworfen oder, wenn es das nicht ist, Staub und Rauch.

Den Tod zu verachten, ermuntert uns mehr als alles andere die Tatsache, daß die Menschen, die die Lust für ein Gut, den Schmerz für ein Übel hielten, ihn doch auch verachtet haben.

Wer nur das für ein Gut hält, was zur rechten Zeit geschieht, wer es gleichgültig findet, ob er der Zahl nach mehr oder weniger der Vernunft entsprechende Handlungen aufzuweisen hat, und bedeutungslos, ob er längere oder kürzere Zeit den Kosmos betrachten darf, der fürchtet auch den Tod nicht.

Mensch, du bist in diesem großen Weltenstaate Bürger gewesen; was macht es dir aus, ob fünf Jahre lang, ob drei? Jeder steht unter den gleichen Gesetzen: was ist Schlimmes dabei, wenn dich nicht ein Tyrann oder ein ungerechter Richter aus dem Staate verweist, sondern die Mutter Natur, die dich einst hineingeführt hat? Es ist genauso, als wenn der Prätor, der einen Schauspieler angestellt hat, ihn von seiner Spielverpflichtung entbindet. 'Aber ich habe nur drei, nicht fünf Akte gespielt!' Das ist richtig; aber im Leben sind diese drei Akte eben oft das ganze Drama. Denn das Ende bestimmt der, der einst den Anstoß zu deiner Entstehung gab und jetzt den zu deiner Auflösung gibt; du bist für keines von beiden verantwortlich. So gehe denn in guter Stimmung davon: auch der, der dich erlöst, ist gut!

XII, 35–36

ANMERKUNGEN

Die vorangestellten Ziffern bezeichnen
die Nummern der Aphorismen

Erstes Buch

1 *Verus:* M. Annius Verus, gest. 138

4 *Urgroßvater:* Catilius Severus, Stadtkommandant von Rom

5 *Erzieher:* die gemeinte Person ist nicht zu ermitteln

6 *Diognetos:* Hauslehrer, der Marc Aurel auch Malunterricht erteilt zu haben scheint. — *Wachtel:* Pflege aus Liebhaberei und zum Wachtelkampf. — *Bakcheios:* Anhänger der Philosophie Platons. — *Tandasis, Markianos:* nicht näher bekannt

7 *Rusticus:* stoischer Philosoph

8 *Apollonius:* stoischer Philosoph, von Antoninus Pius zur Erziehung Marc Aurels berufen

9 *Sextus:* Neffe Plutarchs, Anhänger der platonischen Philosophie

10 *Alexander:* aus Phrygien stammender Lehrer der griechischen Sprache und Literatur am Hofe des Antoninus Pius

11 *Fronto:* berühmter Rhetor, etwa 100 n. Chr. in Numidien geboren, mit Marc Aurel zeitlebens eng befreundet (Briefwechsel zwischen beiden zum größten Teil erhalten)

12 *Alexander:* späterer Sekretär des Kaisers Marc Aurel

13 *Catulus:* stoischer Philosoph. — *Domitius:* Vorfahr mütterlicherseits. — *Athenodotus:* nicht sicher zu bestimmen

14 *Severus:* Claudius S., Vater des Schwiegersohnes Marc Aurels. — *Thrasea:* Paetus Thrasea und Helvidius Priscus waren Opfer ihrer republikanischen Gesinnung unter Nero, Dion von Prusa unter Domitian. — *Cato:* der jüngere Cato (Uticensis), der als 'der letzte Republikaner' 46 v. Chr. Selbstmord beging. — *Brutus:* Caesarmörder

15 *Maximus Claudius:* stoischer Philosoph

16 *Adoptivvater:* Antoninus Pius (vgl. Einleitung). — *Lanuvium:* Ortschaft in der Nähe Roms. — *Zollpächter:* Näheres unbekannt

17 *Geliebte des Großvaters:* wahrscheinlich eine griechische oder asiatische Freigelassene, die sich des jungen Marc Aurel eine Zeitlang mütterlich annahm. — *Bruder:* Adoptivbruder Lucius Verus (vgl. Einleitung). — *Benedicta, Theodotus:* nicht näher bekannte Objekte der

jugendlichen Schwärmerei Marc Aurels. — *Mutter:* Domitia Lucilla, gest. 156 n. Chr. — *Mann in Caeta:* Text und Deutung der Stelle sind unsicher. — *Quaden:* Suebenstamm im heutigen Mähren. — *Granuas:* Gran, Nebenfluß der Donau kurz oberhalb des Donauknies

Zweites Buch

2 *führende Kraft:* der Logos (Vernunft)
alter Mann: Marc Aurel ist bestenfalls 50 Jahre alt

10 *Theophrast:* Schüler und Nachfolger des Aristoteles, etwa 372 bis 287 v. Chr.

13 *Dichterwort:* Pindarstelle (fragm. 292 B), schon von Platon zitiert (Theaetet 173 E)

15 *Monimos von Syrakus:* Schüler des Diogenes, der die landläufigen Meinungen als Trug bezeichnete

17 *Carnuntum:* römische Garnison zwischen Preßburg und Wien, Winterquartier Marc Aurels in den Markomannenkriegen

Drittes Buch

3 *Hippokrates:* der berühmteste griechische Arzt, etwa 460—377 v. Chr. — *Heraklit von Ephesus:* um 500 v. Chr. lebend; er lehrte, daß in bestimmten Perioden die Welt in den Urstoff Feuer zurückkehre und von neuem ihren Kreislauf beginne. Die Mitteilungen über sein Lebensende sind Legende. — *Demokrit:* Verwechslung mit einer von Pherekydes erzählten Legende. — *Sokrates:* die 'Läuse', die er sich in den Pelz gesetzt hatte, waren seine Ankläger

11 *Gegenstände von 'bedingtem' Wert:* das sind alle an sich weder guten noch bösen Dinge, z. B. der Reichtum, die allenfalls einen bedingten Wert darstellen (auch 'mittlere' Dinge genannt)

12 *nicht mit den leiblichen Augen:* Wesensschau, vgl. X, 26 Ende

16 *Phalaris:* durch seine Grausamkeit sprichwörtlich gewordener Tyrann von Sizilien (um 560 v. Chr.)

Viertes Buch

15 *Weihrauchkörner:* bildlich für Menschenleben

18/19 Die Textüberlieferung ist verschiedentlich unsicher

23 O *teure Stadt des Kekrops:* Wahrscheinlich Zitat aus Aristophanes; Kekrops: ältester König von Attika, Gründer Athens

24 *der Weise:* Demokrit aus Abdera, zwischen 460 und 370 v. Chr.

28 Deutung zweifelhaft

33 *Camillus:* M. Furius Camillus, Sieger über die Gallier 390 v. Chr. — *Caeso:* Beiname verschiedener römischer Adelsgeschlechter. — *Volesus:* der Konsul Valerius Publicola(?). — M. Curius Dentatus, Sieger im Samniten-Kriege

34 *Klotho:* die 'Spinnerin', die älteste der drei Schicksalsgöttinnen

46 *Heraklit:* die Deutung des letzten Heraklitzitates ist unsicher

48 *Helike:* Küstenstadt in Achaia mit einem Poseidontempel; versank 373 v. Chr. durch ein Erdbeben ins Meer

50 *Caedicianus-Lepidus:* nicht weiter bekannte hochbetagte Männer. — *dreimal drei Menschenalter sah:* Anspielung auf den greisen Nestor, der nach Homer 'drei Menschenalter sah'

Fünftes Buch

12 *Komikerwort:* Zitat aus Menander, dem bedeutendsten Vertreter der neueren attischen Komödie (fragm. 530,9 f. Kock)

28 *Weder Tragöde noch Dirne:* Deutung nicht möglich

31 Zitat aus Homers Odyssee 4,690

33 *Zum Himmel von der weitstraßigen Erde:* Zitat aus Hesoid, Werke und Tage 197

36 Der Text ist vom dritten Satz ab lückenhaft bzw. unsicher überliefert und nur zum Teil befriedigend zu deuten

Sechstes Buch

13 Die teilweise brutale Nüchternheit der Betrachtungsweise ist ein Stück wiederauflebender kynischer Philosophie, von deren Illusionslosigkeit und Indezenz ja auch das Wort 'zynisch' abgeleitet ist. — *Krates:* kynischer Philosoph; seine Äußerung über Xenokrates, Schüler Platons und dessen Nachfolger in der Akademie, kennen wir nicht

36 *Athos:* Berg auf der östlichen Halbinsel der Chalkidike (1900 m)

42 *Chrysipp:* stoischer Philosoph (siehe Einleitung); er meinte, daß es in den Komödien gelegentlich 'inhaltsleere und lächerliche' Verse gebe, die dem Ganzen doch einen gewissen Reiz verleihen; so sei auch die Schlechtigkeit an sich zu verwerfen, aber für die anderen Menschen gelegentlich doch nützlich

43 *'Fruchtbringerin':* Demeter als Göttin des Erntesegens

47 *Philistion-Origanion:* unbekannte Zeitgenossen Marc Aurels. — *Eudoxus aus Knidos:* Schüler Platons, Gelehrter, Staatsmann und Arzt. — *Hipparchus:* griechischer Mathematiker und Astronom, gest. 120 v. Chr. — *Archimedes von Syrakus:* Mathematiker und Konstrukteur, gest. 212 v. Chr. — *Menipp:* aus Syrien stammender Kyniker, der satirisch-humoristische Schilderungen aus dem Leben in einem aus Poesie und Prosa gemischten Stil gab (um 280 v. Chr.)

Siebentes Buch

31 *Demokritos aus Abdera:* zwischen 460 und 370, Begründer des antiken Atomismus und mechanischen Materialismus. Die Überlieferung des letzten Satzes ist unsicher

35 Zitat aus Platons Staat VI 486 A

36 Angeblich von Antisthenes, dem Stifter der kynischen Philosophie, stammend (Schüler des Sokrates, um 400 v. Chr.)

38, 40, 41, 42 Zitate aus Euripides (fragm. 287,1 f., 757,6 f., 208,1 f., 918,3 f. Nauck[2])

39, 43 Zitate unbekannter Herkunft

44 Zitat aus Platons Apologie 28 B

45 Zitat aus Platons Apologie 28 E

46 Zitat aus Platons Gorgias 512 DE

48 Auf welches Platonwort Marc Aurel hier Bezug nimmt, ist nicht zu ermitteln; möglicherweise ist ein Zitat ausgefallen

50 Euripideszitat (fragm. 839,9—11 Nauck[2]). Der unbefriedigend überlieferte Schluß des Aphorismus ist von mir nach VII, 32 ergänzt

51 Das erste Zitat stammt aus Euripides (Suppl. 1110 f.), das zweite ist unbekannter Herkunft

63 Das Epiktetzitat gibt bereits sokratisch-platonisches Gedankengut wieder

66 *Telauges von Samos:* Sohn des Pythagoras (um 540)

Achtes Buch

3 *Diogenes aus Sinope:* der bekannte Kyniker und Schüler des Antisthenes (404—323)

13 Physik, Ethik und Dialektik sind die klassischen Teile auch der stoischen Philosophie. Der Begriff der Physik ist wie der der Physis umfassender als der moderne (schließt die Erforschung alles 'Gewordenen' ein); die Dialektik deckt sich hier mit unserem Begriff der Logik

14 *die übrigen Götter:* d. h. die Gestirne

20 *von dem Licht:* vermutlich sinnbildlich für das Leben

25 *Lucilla: Tochter* Marc Aurels, mit dessen Stiefbruder Verus verheiratet. — *Maximus:* siehe zu I 15 (Secunda: seine Gemahlin). — *Epityncbanus* (ebenso *Celer* und *Charax*)*:* nicht näher bekannt. — *Diotimos:* stoischer Philosoph (?) — *Antoninus:* A. Pius, Adoptivvater Marc Aurels; Faustina: Gattin des A. — *Demetrius und Eudaemon:* nicht näher bekannt

31 *Agrippa:* M. Vipsanius Agrippa, Freund des Augustus, Sieger bei Aktium (63—12 v. Chr.). — *Arius:* Areios Didymos aus Alexandria lebte um 40 v. Chr. in Rom; schrieb als erster Grieche über römische Grammatik

37 *Panthea aus Smyrna:* Geliebte des Verus; Pergamus, Chabrias und Diotimos sind nicht näher bekannt

41 Das Zitat aus Empedokles ist nach Aph. XII, 3 vervollständigt

57 Poseidonisches Gedankengut; vgl. K. Reinhardt, Kosmos und Sympathie, S. 178

Neuntes Buch

9 *Elementarfeuer:* feurige Hülle um den Kosmos; zu dem Stufenbau der Wirklichkeit (poseidonisches Gedankengut) vgl. Reinhardt, K. u. S., S. 179f.

21 *deines Großvaters, der Mutter:* nach dem Tode des leiblichen Vaters; *des Vaters:* des Stiefvaters Antoninus Pius

24 *Seelen:* vgl. Aph. IV, 41; welche Totenschau Marc Aurel meint, ist nicht mit Sicherheit zu ermitteln

29 *Demetrius von Phaleron:* Schüler des Theophrast, berühmter Staatsmann, Redner und Gelehrter (345—283 v. Chr.)

Zehntes Buch

10 *Sarmaten:* Nomadenvolk in den Ebenen zwischen Schwarzem Meer und Ostsee, das Marc Aurel im Kriege gegen Markomannen und Quaden selbst kennenlernte

15 *wie auf einem Berge:* unausgeführter Vergleich, der aus dem Zusammenhange nicht zu deuten ist

21 Euripideszitat (fragm. 898). Das griechische Wortspiel am Schluß des Aphorismus ist nicht nachzubilden

23 Schon der Anfang der Stelle ist fragwürdig, die Berufung auf Platons Theaetet 174 D ist völlig undurchsichtig

31 *Euphrates:* zeitgenössischer Philosoph wie Silvanus; über Severus vgl. I, 14 (im übrigen unbekannt)

34 Zitate aus Homer, Ilias 6, 147, 149; 148

Elftes Buch

2 *Pankration:* Vereinigung von Ring- und Faustkampf

6 *Weh mir, Kithairon:* Ausruf des Königs Oedipus, der es schmerzlich bedauert, daß er einst gerettet wurde, als man ihn auf dem Kithairon ausgesetzt hatte (Sophokles, Oed. Rex. 1391)
Die drei folgenden Zitate stammen aus Euripides (fragm. 208, 287, 757 Nauck^2)

13 *Phokion:* athenischer Feldherr und Staatsmann, Gegner des Demosthenes, soll vor seiner Hinrichtung seinem Sohn verboten haben, Rache zu üben (gest. 318 v. Chr.)

15 *Wolfsfreundschaft:* die Freundschaft des Wolfs im Schafskleide

22 Aesopische Fabel, bekannt vor allem durch Horaz, Sat. II 6, 79 ff.

25 *Perdikkas:* mazedonischer König zur Zeit des peloponnesischen Krieges; nach anderen Berichten stammte die Einladung von dessen Sohne

26 *Ephesier:* unverständlich; von Usener für Epikur in Anspruch genommen

30, 31, 32 unbekanntes Tragikerzitat (fragm. trag. adesp. 304 Nauck[2]), Homer- und Hesiodzitat (od. 9,413; Werke 186)

33—38 in Anlehnung an Epiktet

Zwölftes Buch

23 *Empedokles:* vgl. VIII, 41 Ende

27 *Fabius Catullinus* usw.: Der Sinn des Hinweises auf die Genannten ist nicht ermittelt